POLYGLOTT on tour

Prag

Der Autor
Gunnar Habitz

Mit großer Faltkarte & 80 Stickern für die individuelle Planung

www.polyglott.de

6 Typisch

20 Reiseplanung & Adressen

48 Land & Leute

SPECIALS

ERSTKLASSIG!

ALLGEMEINE KARTEN

STADTTEIL-KARTEN

SYMBOLE ALLGEMEIN

Besondere Tipps der Autoren

Specials zu besonderen Aktivitäten und Erlebnissen

Spannende Anekdoten zum Reiseziel

Top-Highlights und Highlights der Destination

	TOUR-SYMBOLE
①	Die POLYGLOTT-Touren
6	Stationen einer Tour
❶	Zwischenstopp Essen & Trinken
①	Hinweis auf 50 Dinge
[A1]	Die Koordinate verweist auf die Platzierung in der Faltkarte
[a1]	Platzierung Rückseite Faltkarte

PREIS-SYMBOLE	Hotel DZ	Restaurant
€	bis 60 EUR	bis 8 EUR
€€	60 bis 120 EUR	8 bis 25 EUR
€€€	über 120 EUR	über 25 EUR

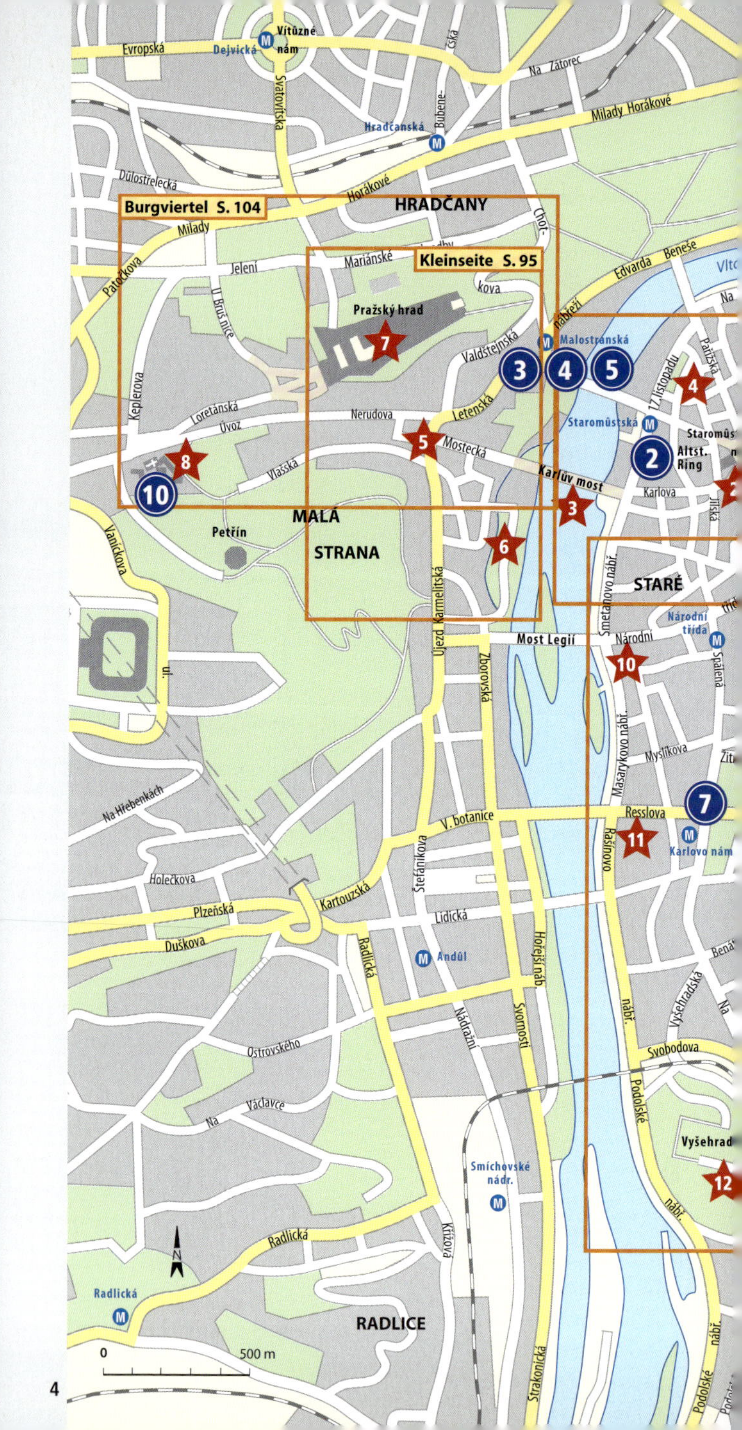

Evropská
Dejvická
Vítězné nám
Svatovítská
Na Zátorce
Milady Horákové
Hradčanská
Bubeneč
Dělostřelecká
Horákové
Burgviertel S. 104
HRADČANY
Milady
Patočkova
Jelení
Mariánské hradby
Kleinseite S. 95
Chotkova
Edvarda Beneše
U Brusnice
Pražský hrad
Malostranská
Valdštejnská
17. listopadu
Pařížská
Keplerova
Loretánská
Úvoz
Nerudova
Letenská
Staroměstská
Mostecká
Altst. Ring
Vlašská
Karlův most
Karlova
Jilská
MALÁ
STRANA
Petřín
Vaníčkova
STARÉ
Smetanovo nábř.
Národní třída
Národní
Most Legií
Újezd
Karmelitská
Zborovská
Spálená
Masarykovo nábř.
Myslíkova
Na Hřebenkách
Resslova
V. botanice
Rašínovo
Karlovo nám
Holečkova
Štefánikova
Kartouzská
Plzeňská
Lidická
Duškova
Radlická
Anděl
Hořejší nábř
Vyšehradská
Nádražní
Svornosti
nábř.
Ostrovského
Svobodova
Podolské
Václavce
Na
Vyšehrad
Smíchovské nádr.
Křížova
Radlická
RADLICE
0
500 m
Strakonická
Podolské nábř.

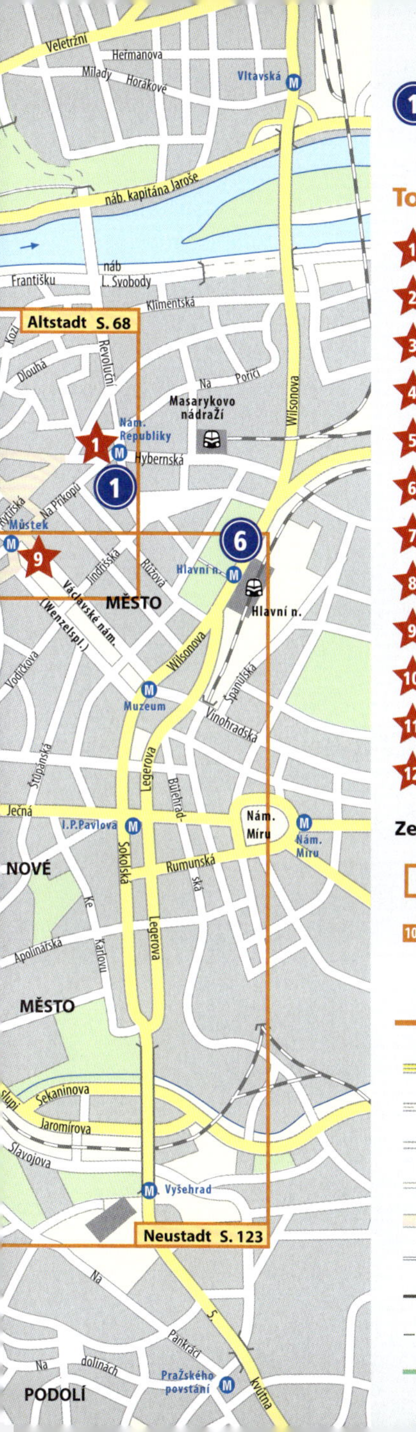

Touren-Start

Top 12 Highlights

Zeichenerklärung der Karten

beschriebenes Stadtviertel (Seite=Kapitelanfang)

10 E h Sehenswürdigkeiten

10 Zwischenstopp: Essen und Trinken

4 Tourenvorschlag

Autobahn

Schnellstraße

Hauptstraße

sonstige Straßen

Fußgängerzone

Eisenbahn

Staatsgrenze

Landesgrenze

Nationalparkgrenze

Blick vom Letná-Hügel über die Moldaubrücken zur Prager Altstadt

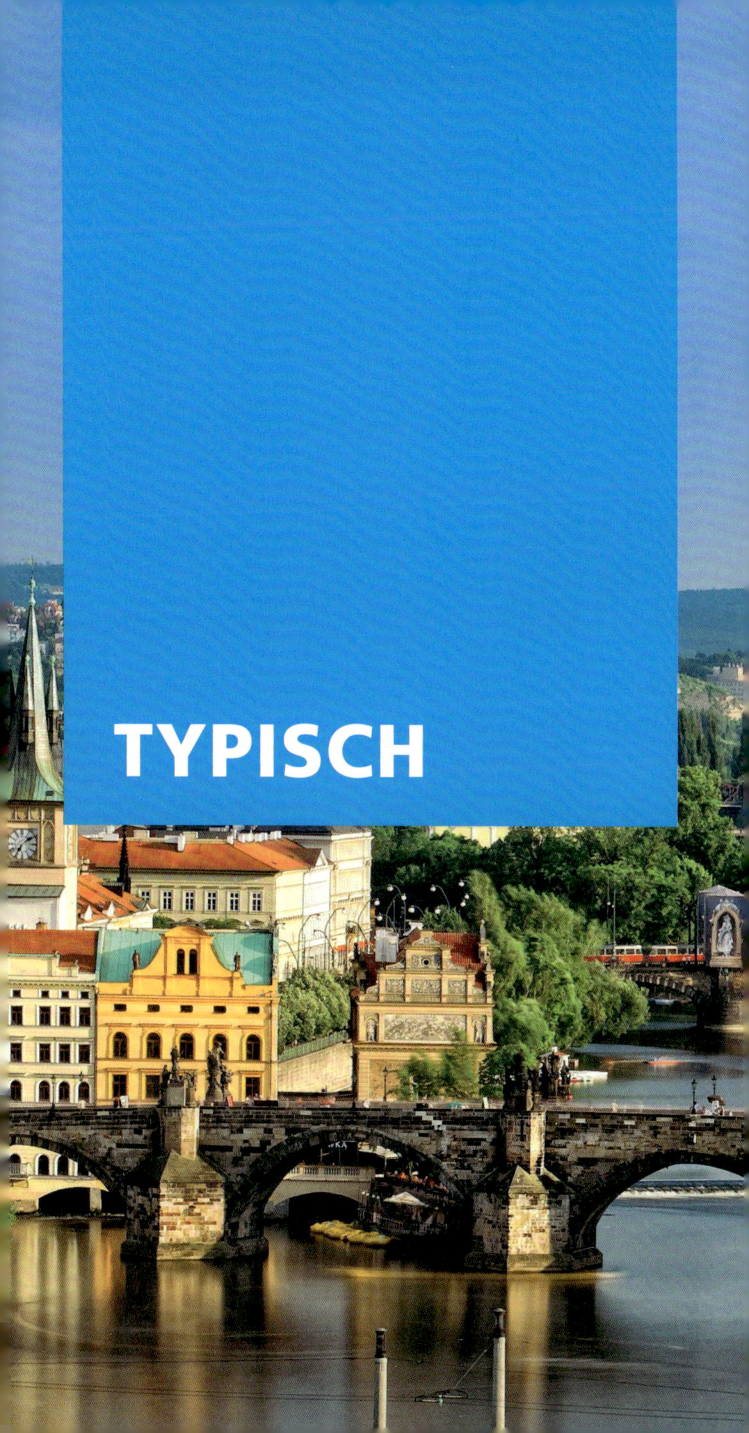
TYPISCH

Prag ist eine Reise wert!

Vor 25 Jahren aus dem Dornröschenschlaf erweckt und rasch zur Szenemetropole in den Neunzigern aufgestiegen, verbindet sich in der »Goldenen Stadt« ein spannender Mix aus Architektur und Kultur mit einer ansteckenden Gelassenheit.

Der Autor **Gunnar Habitz**
arbeitet in Zürich als internationaler Manager in der IT-Branche. Als Reiseleiter begleitete er jahrelang Touristen nach Prag und verfolgt die Entwicklung der Goldenen Stadt seit den boomenden 1990ern. Der Schweizer Autor mit Bremer Wurzeln veröffentlichte zahlreiche Reiseführer und -berichte über Tschechien, die Schweiz und den Bodensee. Er ist auch Autor des Titels »Prag zu Fuß entdecken« (www.habitz.ch).

Ahoj und herzlich willkommen in der schönsten Stadt Europas! Schon als ich vor mehr als 20 Jahren in der damals längst nicht so farbenfrohen Moldaumetropole ankam, war das mein erster Eindruck – und inzwischen hat sich die tschechische Hauptstadt weiter prächtig entwickelt. Sie ist so vielseitig geworden, dass von den Millionen Besuchern, die in den letzten zwei Jahrzehnten gekommen sind, sicher jeder sein eigenes Prag entdecken konnte.

Prag spricht alle Sinne an und lässt niemanden unberührt. Es gibt so viele Möglichkeiten, einen span-

Der Waldstein-Garten auf der Kleinseite, eine Oase der Ruhe

Die beste Aussicht auf Karlsbrücke und Laurenziberg

nenden Besuch zu verbringen. Die historischen Fassaden im fußläufigen Zentrum kommen mir immer wieder vor wie die große Freilichtkulisse eines imaginären Films. Doch was heißt imaginär – Prag hat sich ja tatsächlich als »Hollywood des Ostens« einen Namen gemacht und in vielen Kinostreifen mitgespielt. Und wenn mir das bunte Leben dann ein bisschen zu bunt wird, die Stadt zu voll erscheint, dann ziehe ich mich gern in die Ruhe der vielen Palastgärten und grünen Hügel zurück, etwa in den Waldstein-Garten.

Immer wieder ein Genuss und oft auch für eine Überraschung gut sind die kulinarischen Erlebnisse, die der zugegebenermaßen recht schweren böhmischen Küche längst leichtere Konkurrenz machen wie z. B. bei Čestr oder Katr. Und als Kulturliebhaber stellt mich Prag stets aufs Neue vor die Qual der Wahl: so viele Museen und Galerien, Kirchen und Bibliotheken, Konzerte und Theateraufführungen!

Das war nicht immer so – diese Vielfalt hat sich seit der Samtenen Revolution von 1989 erst entwickelt. Ausgestattet mit Milan Kunderas »Buch vom Lachen und Vergessen« unternahm ich 1992 meine ersten Schritte in einer noch etwas tristen, gelegentlich melancholischen Stadt. Damals hörte man im Vergleich zu heute noch eher Tschechisch als Englisch und mehr Deutsch als Russisch.

Zweimal habe ich mich in Prag verliebt – zunächst in die Stadt, später habe ich dort meine Frau kennengelernt. Prags Stadtbild mit Burg, Moldau und Altstadt ist wirklich einzigartig, sas gesamte historische Zentrum steht unter dem Schutz der UNESCO – für einen Architekturliebhaber wie mich ein wahr gewordener Traum.

Schnell wurde Prag zur »Szenestadt der Neunziger«, und ange-

Mein typischer Nachmittag beim Apfelstrudel im Grand Café Orient

In Prag ist sogar der Besuch in der Sparkasse umwerfend

steckt vom pulsierenden Leben, konnte ich als Reiseleiter den Wandel der Stadt zu einem Juwel in der Mitte Europas aktiv miterleben.

Noch immer fasziniert von den Prager Gassen und ihren versteckten Geheimnissen, schreibe ich seit Ende der Neunziger regelmäßig über meine Wahlheimat. Die ersten Gehversuche in der tschechischen Sprache wurden im Laufe der Zeit immer sicherer und haben mir noch mehr Einblicke in die Geheimnisse dieser mittelalterlichen und doch so jung gebliebenen Stadt ermöglicht. Die Rolle als einheimischer Ausländer treibt mich immer wieder an, neue Plätze zu entdecken und vermeintlich wohlbekannten Gegenden etwas Neues abzugewinnen.

Andere mögen noch einen Koffer in Berlin stehen haben, meine Frau und ich nutzen unseren Nebenwohnsitz an der Moldau für ein nicht ganz alltägliches Freizeitverhalten: Wir sind begeisterte Kaffeehausgänger – und in dieser Hinsicht bietet Prag eine Auswahl, die sich mit den anderen Metropolen der einstigen k.-u.-k.-Monarchie, Wien und Budapest, messen kann. Es passt einfach zu dieser Stadt, einen Gang zurückzuschalten, die Schönheit der Umgebung zu genießen, das quirlige Leben entspannt zu betrachten und Lebensqualität nicht nur aus dem Besitz in den eigenen vier Wänden zu schöpfen. Oder wie meine Frau als gebürtige Pragerin zu sagen pflegt: »Ihr Schweizer habt die Uhr, wir haben die Zeit.«

Gerne zitieren Reiseschriftsteller Franz Kafkas Worte »Dieses Mütterchen hat Krallen«. Gemeint ist Prags ungeheure Anziehungskraft, die jeden Reisenden bestimmt wieder an die Moldau zurückbringt. Für viele, die sich schon in den Neunzigern von dieser Perle in der Mitte Europas bezaubern haben lassen, ist es längst an der Zeit, zurückzukehren und die tschechische Hauptstadt erneut zu besuchen.

Eine Menge hat sich verändert, die Menschen gehen mit der Zeit und setzen Trends: in keinem anderen europäischen Land etwa wird so viel über das Internet eingekauft wie hier. Die Cleverness tschechischer Ideen kennt zumindest jeder Škoda-Fahrer.

Prag hat zum Glück sein billiges Image abgestoßen, doch in vielerlei Hinsicht sind Produkte und Dienstleistungen noch immer recht preisgünstig im Vergleich zu anderen Metropolen.

In diesem Sinne: Vítáme Vás v Praze – willkommen in Prag!

Reisebarometer

Prag präsentiert sich als noch immer preisgünstige, vor allem aber kulturell bedeutende Metropole mit abwechslungsreicher Gastronomie und einem erfrischend bunten und spannenden Nachtleben.

Beeindruckende Architektur

Das ganze historische Zentrum von der Prager Burg bis zur Neustadt ist UNESCO-Weltkulturerbe.

Grüne Oasen und Gärten

Besonders auf der Kleinseite begeistern die vielen Gärten der einstigen Adelspaläste.

Kultur- und Eventangebot

Zahlreiche Festivals und Veranstaltungen von Weltrang

Museen und Galerien

Von der Nationalgalerie bis zu kleinen Privatmuseen

Kulinarische Vielfalt

Höchst lebendige Gastroszene mit großer Auswahl

Spaß und Abwechslung für Kinder

Auch ohne große Attraktionen kann man viel Spaß haben.

Umfangreiches Shoppingangebot

Vor allem Glas, Holz- und Lederwaren überzeugen.

Pulsierendes Nachtleben

Große Theater, Bars, Musikklubs und Jazzkonzerte

Ausflüge vor die Tore der Stadt

Burgen und Schlösser laden zur Besichtigung ein.

Preis-Leistungs-Verhältnis

Prag ist deutlich günstiger als andere Metropolen.

● = gut ●●●●●● = übertrifft alle Erwartungen

50 Dinge, die Sie ...

Hier wird entdeckt, probiert, gestaunt, Urlaubserinnerungen werden gesammelt und Fettnäpfe clever umgangen. Diese Tipps machen Lust auf mehr und lassen Sie die ganz typischen Seiten erleben. Viel Spaß dabei!

... erleben sollten

1 Karlsbrücke am frühen Morgen Wer es vor 6 Uhr morgens aus dem Bett schafft, hat die Karlsbrücke › S. 83 fast für sich allein. Unten strömt die Moldau, die ersten Sonnenstrahlen fallen auf die Dächer – diesen Zauber erlebt man nicht im täglichen Gedränge. Auch eine gute Idee bei einem frühen Abflug zwischen Hotel und Flughafen.

2 Per Seilbahn auf den Laurenziberg Natürlich kann man den »Berg der Prager Verliebten« zu Fuß besteigen, aber mit der Seilbahn kann man noch etwas durchschnaufen, bevor es dann die 299 Stufen des Aussichtsturms zu erklimmen gilt. Der Blick über Prag ist phänomenal. › S. 55

3 Auf den Burgberg am Abend In der Abendstimmung, wenn der Trubel vorüber ist, kann die Besteigung des Burgbergs › S. 117 zum mystischen Erlebnis werden. Der Dom hat zwar geschlossen, aber das Goldene Gässchen kann frei durchwandert werden.

4 Prag per Segway erfahren Mit seinen großen Rädern ist ein Segway auch dem Prager Kopfsteinpflaster gewachsen. Aufrecht saust man durch die Moldaumetropole und nimmt viel mehr mit als auf Schusters Rappen. Geführte Touren ab 890 Kč (33 €) bietet Prague Segway Tours (Maltézské nám. 7, www.prague-segway-tours.com) [F6].

5 Stadtrundfahrt im Oldtimer Wer lieber auf Lederpolstern durch die Stadt tuckert, lässt sich in einem der bald hundertjährigen Nobelkarossen der Marke Praga chauffieren, fühlt sich wie Graf Protz im Cabrio und profitiert auch noch von den guten Tipps der Fahrer. › S. 26

6 Zum Ehrenfriedhof pilgern Der Weg hinauf auf den Vyšehrad zur letzten Ruhestätte › S. 138 vieler bedeutender Persönlichkeiten, darunter Smetana und Dvořák, ist wie eine Zeitreise zur Wiege des tschechischen Volkes. Nehmen Sie sich die Zeit, und gehen Sie zu Fuß.

7 Durch den Hirschgraben Parallel zur Prager Burg führt ein wenig bekannter Naturweg › S. 118 durch einen Graben, in dem die Kaiser früher ihr Wild hielten. Der knapp einstündige Waldspaziergang verbindet ein schönes Naturerlebnis mit ungewohnten Blicken auf die Burganlage.

8 Den Pulverturm besteigen Es lohnt sich, die 186 Stufen der engen, dunklen Wendeltreppe hochzusteigen, denn der Pulverturm › S. 71 am Platz der Republik bietet eine tolle Aussicht auf das Gemeindehaus und die gesamte Altstadt.

9 Bootfahren auf der Moldau Tret- und Ruderboote stehen auf der Slawischen Insel › S. 132 gegenüber dem Nationaltheater ab 150 Kč pro Stunde zur Ausleihe bereit.

10 Highlights im Laufschritt Mit Running Tours Prague kann man den Morgenlauf mit Sightseeing kombinieren. Man wird morgens vom Hotel abgeholt und joggt mit Gleichgesinnten durch die leere Stadt. Unterwegs gibt es Wissenswertes und Anekdoten (www.runningtoursprague.com).

11 Aktive Erholung Müde von all den Besichtigungen? Im Freizeitparadies Žluté lázně im Süden Prags können Sie Beachvolleyball oder Pétanque spielen – oder einfach am Sandstrand an der Moldau faulenzen (Podolské nábřeží 3, Prag 4, www.zlutelazne.cz).

12 Schlittschuhlaufen hinter dem Ständetheater Im Herzen der Altstadt verwandelt sich der ansonsten leere Obstmarkt › S. 79 (Ovocný trh) im Winter in eine beliebte Eisbahn. Das kalte Vergnügen reicht bis in den späten Abend und ist sogar kostenlos; Schlittschuhe kann man vor Ort gegen eine kleine Gebühr ausleihen.

Im Oldtimer auf Sightseeing in Prag

... probieren sollten

13 Kulajda Diese altböhmische Sahnesuppe aus Dill, Pilzen, Kartoffelstückchen und Ei erlebt derzeit eine Renaissance. Jeder Koch schwärmt für eine andere Variante, die wohl leckerste Version gibt es im Café Imperial. › S. 36

14 Ertrunkener Keine Sorge, hier geht lediglich die in Essig eingelegte Speckwurst unter, und wird daher »utopenec« genannt. Mit Zwiebeln serviert, passt sie in typischen Bierstuben sehr gut zum Gerstensaft, etwa im U zlahéto tygra › S. 80.

15 Knödelparadies Was wäre die böhmische Küche ohne Semmelknödel? Mit einem Zwirn in Scheiben geschnitten, nehmen sie die deftige Soße auf, z. B. vom Lendenbraten im U medvídků › S. 39.

16 Geschnittenes Bier Beim »řezané pivo« wird erst helles und dann dunkles Bier ins Glas eingeschenkt und sogleich serviert, bevor sich die beiden Teile vermischen. Nicht

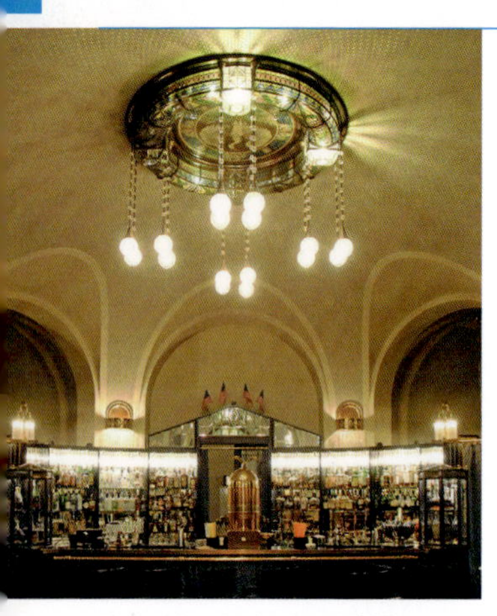

Die American Bar im Gemeindehaus

überall zu finden, wohl aber im Pivovarský dům. › S. 39

(17) Apfelstrudel Jedes Café serviert ihn anders, mal mit Vanillesoße, mal mit Eis, warm oder kalt – entscheidend sind der richtige Strudelteig und die Füllung. Gut und günstig zu genießen im versteckten Nichtrauchercafé Kafíčko (Míšeňská 10, Kleinseite) [C4].

(18) Palatschinken Mit Schinken hat diese Süßspeise nichts zu tun: »Palačinky« sind die tschechische Variante der Crêpes, also dünne gerollte Pfannkuchen, meist mit Marmelade oder Schokolade gefüllt. Lecker z. B. als Nachtisch im Hanavský Pavilon › S. 34.

(19) Die Künste des Barkeepers Im Altstädter Bardreieck nördlich des Altstädter Rings wimmelt es nur so von Klubs und Bars mit leckeren Cocktails zu humanen Preisen. Nicht wegzudenken ist der Kräuterlikör Becherovka als Basis für »Beton« (gemixt mit Tonic), etwa in der angesagten Tretter's Bar › S. 46.

(20) Türkischer Kaffee Eingesessene Prager schwören auf diesen Kaffee, der mitsamt Satz im Tässchen serviert wird. Nicht vergessen beim scheinbar letzten Schluck in der Tasse, z. B. im Café Louvre › S. 37.

(21) Absinth Seit den 1990er-Jahren ist Tschechien ein Hauptproduzent der »grünen Fee«, die pur 50–70 % Alkohol enthält, aber verdünnt und flambiert getrunken wird. Am besten genießt man Absinth im Café Slavia direkt am Gemälde eines Herrn mit Melone mit einer grünen Fee auf seinem Tisch › S. 36.

… bestaunen sollten

(22) Schwarzes Theater Mehrere Bühnen präsentieren Pantomime und sich bewegende Gegenstände im Schein des Schwarzlichts. Besonders spannend ist der Besuch im Divadlo Metro › S. 46; dort wird nach der Vorstellung den Zuschauern erklärt, wie das Prager Phänomen eigentlich funktioniert.

(23) American Bar im Gemeindehaus Reinster Jugendstil von 1912 mit einer wunderschönen Deckenlampe prägt die Einrichtung der Bar im Untergeschoss des Gemeindehauses › S. 70. Am besten setzten Sie sich direkt an den prachtvollen Tresen (www.americkybar.cz).

(24) Moldaupanorama auf der Jiráskův most Der Blick von der Burg im Norden über Nationaltheater und »Tanzendes Haus« im Osten bis zum Vyšehrad im Süden ist einfach umwerfend [C/D6].

(25) Kubistisches Interieur Grün und dunkelbraun und strenge geometrische Formen, vom Mobiliar über die Lampenschirme bis zum Geschirr: Die originalgetreue Einrichtung des Grand Café Orient › **S. 37** von Josef Gočár begeistert.

(26) Beste Sicht auf die Astronomische Uhr Der Apostelumzug an der Astronomischen Uhr › **S. 73** zur vollen Stunde dauert zwar nur 37 Sekunden, doch ein Fensterplatz im Grand Café Praha gegenüber garantiert ideale Sicht (Staroměstské náměstí 22, Tel. 221 632 522, www.grandcafe.cz) [D/E4].

(27) Spanische Synagoge Die am Rande des jüdischen Viertels errichtete Spanische Synagoge › **S. 94** gilt für viele Prager als schönste ihrer Art. Hier lohnt sich vor allem ein Besuch am Abend zu einem klassischen Konzert, wenn man zur Musik die Einrichtung im maurischen Stil auf sich wirken lassen kann.

(28) Alter Jüdischer Friedhof In bis zu zwölf Schichten übereinander wurden die Prager Juden aus Platzmangel hier begraben › **S. 92**. Wie ein kleines Haus zwischen all den eng und schief stehenden Grabsteinen wirkt die Tumba von Mordechaj Maisel, dem Finanzier und Bürgermeister des jüdischen Viertels zu Zeiten des legendären Rabbi Löw.

(29) Waldstein-Garten Der Eingang hinter der Metrostation führt in den beliebten Garten › **S. 97** mit seinen Pfauen, Teichen, Statuen und seiner Grotte. Von den Sitzbänken zwischen den Bäumen gleich zu Beginn erblickt man die Prager Burg oberhalb des Palais Waldstein.

(30) Prager Jesulein Vor allem Reisende aus Lateinamerika kommen zu der kleinen Jesusfigur in der St.-Maria-Victoria-Kirche › **S. 102**. Außer der Statue sollte man aber auch das kleine Museum über den Kult um das Jesulein im Obergeschoss gesehen haben (Eintritt frei).

(31) Trabbi auf Beinen Man muss sich schon im Parkgelände am Fuß des Laurenzibergs an die Rückseite der Deutschen Botschaft › **S. 102** heranpirschen, um durch den Zaun einen Blick zu erhaschen – aber da steht sie, die ungewöhnliche Bronzestatue des Trabbis auf vier Beinen, die an die Ereignisse vom September 1989 erinnert.

(32) Goldene Pforte Wer es nicht weiß, läuft bestimmt daran vorbei: Über dem geschlossenen Seitenausgang des St.-Veits-Doms prangt ein dreiteiliges Mosaik › **S. 113**, das das Jüngste Gericht darstellt – eine Augenweide. Das Werk eines unbekannten venezianischen Meisters aus dem Jahr 1371 umfasst rund eine Million Elemente aus Glas, Gold und Halbedelsteinen.

(33) Dürers »Rosenkranzfest« in der Nationalgalerie Albrecht Dürers Mariendarstellung und die leuchtenden Farben dieses Bildes von 1506 machten den Maler schlagartig berühmt. Es hängt im etwas versteckten Palais Sternberg › S. 122, einem Haus der Nationalgalerie am Hradschiner Platz.

… mit nach Hause nehmen sollten

(34) Böhmisches Glas Nehmen Sie ein funkelndes Stück Böhmen mit nach Hause, etwa in Gestalt von Gläsern der historischen Marke Artěl › S. 41. Die erlesene Qualität rechtfertigt die Preise (ab ca. 70 €).

(35) Prager Schinken Ein Bissen von dieser beliebten Spezialität, und die Erinnerung an die Prager Bierstuben ist wieder da. In Dosen praktisch und sicher verpackt z. B. bei Tesco › S. 42 erhältlich.

Böhmisches Glas genießt Weltruhm

(36) Karlsbader Oblaten Die beliebten Kurhausoblaten passen wunderbar zu einer Tasse Tee am Nachmittag. Die beste Sorte »Kolonáda« stammt übrigens nicht aus Karlsbad, sondern aus Marienbad. Mehrere Geschmacksrichtungen sind in jedem größeren Supermarkt und an den Autobahntankstellen auf dem Heimweg erhältlich.

(37) Schöne Bücher von Vitalis Liebevoll gebunden, zieren die Bücher des deutschsprachigen Verlags › S. 41 jedes Regal. Zu kaufen im Kafka-Haus im Golden Gässchen › S. 108 sowie in gut sortierten Buchhandlungen. Tipp des Autors: »Nachts unter der steinernen Brücke« von Leo Perutz.

(38) Marionetten und Holzspielzeug In Prag ist die Tradition von Holzspielzeug noch lebendig. Gute handgefertigte Puppen bekommt man bei Truhlář Marionety › S. 44. Man kann auch Puppen in Auftrag geben, die etwa eigene Familienangehörige darstellen (ab 16 000 Kč).

(39) Andenken an Alfons Mucha Die Jugendstilgemälde des wohl bedeutendsten tschechischen Malers zieren die unterschiedlichsten Souvenirs – und erinnern einen auch zu Hause an die Goldene Stadt. Die beste Auswahl hat das Mucha Museum › S. 130.

(40) Wohlgeruch der Natur Düfte wecken Erinnerungen: Die pflanzlichen Kosmetika aus eigenem Anbau von Botanicus (zentrales Geschäft im Teynhof) › S. 44 sind eine Wohltat für Körper und Seele.

41 Granatschmuck Funkelnder blutroter Granat aus Nordböhmen ist eine Besonderheit, die man nicht an jeder Ecke bekommt. Vorsicht vor Fälschungen, besser gleich zum Fachgeschäft. Bei Granát Turnov › S. 43 gibt es Ohrringe bereits ab 700 Kč (ca. 25 €).

... bleiben lassen sollten

42 Prager Burg vormittags am Wochenende Am Samstagvormittag gehört die Burg den Touristengruppen, sonntags finden bis zum Mittag gleich drei Gottesdienste im St.-Veits-Dom statt. Also lieber den Nachmittag für den Besuch der Prager Burg einplanen, am besten gleich zwei Nachmittage – und am allerbesten nicht am Wochenende.

43 Auf Taschendiebe hereinfallen Auf Plätzen mit Menschenmassen, etwa vor der Astronomischen Uhr, aber auch beim Einsteigen in eine Straßenbahn, üben die fingerfertigen Experten ihre unerwünschte Dienstleistung mit Vorliebe aus.

44 Scheinbar vorteilhaft Geld tauschen Manche Wechselstuben werben mit der Aufschrift »0 % Commission« und plakatieren groß Kurse, die aber nur für den Verkauf von Euro statt von Kronen gelten. Lieber Geld aus dem Bankomaten mit Maestro/ec-Karte ziehen.

45 Getrennte Rechnung verlangen Prager Kellner haben kein Verständnis für getrennte Rechnungen: zusammen essen, also auch zusammen zahlen.

46 Teure Taxis besteigen Auf der sicheren Seite sind Sie an Plätzen mit der Aufschrift »Taxi Fair Place« oder mit telefonischer Bestellung bei zuverlässigen Firmen. Abends unbedingt den Preis vorher aushandeln! (www.pragtaxi.de) › S. 26

47 Gastronomie an touristischen Plätzen Ein Bier draußen am Altstädter Ring oder eine Tasse Kaffee am Krönungsweg können ziemlich ins Geld gehen. Lokale mit »Touristenmenüs« am besten ganz meiden und lieber wie die Einheimischen in den Nebengassen fündig werden.

48 Liebesschlösser an Brücken anbringen Die »Liebesbeweise« an den Brücken der Kampainsel zerstören die romantische Ansicht, überlasten die Brücken und ruinieren den Anstrich der Geländer. Darüber hinaus ist der Teufelsbach voll von den Schlüsseln.

49 Imbiss am Wenzelsplatz Wer sich Leber und Galle erhalten möchte, verzichtet auf die fettige Wurst oder den »Trdelník« an den Buden entlang des Wenzelsplatzes.

50 Unbewacht parken Das eigene Fahrzeug mit ausländischem Kennzeichen gehört in ein bewachtes Parkhaus, nicht zum Diebstahl einladend an den Straßenrand.

Was steckt dahinter?

Die kleinen Geheimnisse sind oftmals die spannendsten. Wir erzählen die Geschichten hinter den Kulissen und lüften für Sie den Vorhang.

Warum hat jedes Haus zwei Hausnummern?

Trotz scheinbar richtiger Adresse wunderten sich schon manche Reisende, dass sie offenbar nicht vor dem gewünschten Gebäude standen. Auswärtige suchen in der Regel die mit blauen Schildern dargestellten Ordnungszahlen – also auf der einen Seite ungerade und gegenüber gerade Zahlen. Die meisten Firmen geben jedoch die offizielle Verwaltungsnummer bekannt, die mit roten Schildern gekennzeichnet und pro Stadtviertel neu durchnummeriert wird. Das »Tanzende Haus« beispielsweise hat die Adresse Rašínovo nábřeží 1981/80. Sein Nebengebäude trägt zwar wie erwartet eine blaue 78 trägt, doch ist die rote Nummer 2000 gleich um einiges höher. (Hier wohnte übrigens jahrzehntelang Václav Havel.) Außerhalb des Zentrums fehlt gelegentlich sogar die blaue Nummer, dagegen zeigen die Fassaden in den historischen Vierteln zusätzlich die mittelalterlichen Hauszeichen. Aus rot und blau wird niemand schlau.

Warum läuft man meist auf Kopfsteinpflaster?

Prag war eine der ersten europäischen Städte, deren Straßen bereits im Mittelalter gepflastert wurden. Der typische Belag aus »Katzenköpfen« in verschieden ausgeführten Mustern unterstreicht diese Tradition. Die Mosaiken auf dem Pflaster entstanden jedoch eher zufällig: Im 19. Jh. wurde roter Marmor für die Wasserleitungen bestellt, der sich allerdings als ungeeignet dafür erwies. So fanden die roten Steine zerkleinert als Würfelchen ihren Platz zwischen dem bestehenden weißen Kopfsteinpflaster. Manche Hotels oder Geschäfte ließen auf diese Art sogar ihr Logo in Stein meißeln; auch geschichtliche Ereignisse wie etwa die Hinrichtung von 27 böhmischen Herren neben dem Altstädter Rathaus wurden so verewigt. Für Rollstuhlfahrer und spitze Damenschuhe stellt das Pflaster allerdings eine Herausforderung dar.

Warum sind die Portionen im Restaurant kleiner als daheim?

Nach dem Sprichwort »polévka je grunt« (»Die Suppe ist Grundlage«) beginnt jeder Tscheche seine Mahlzeit mit einer Suppe. Dadurch erscheinen die Portionen der Hauptgerichte auf den ersten Blick kleiner. Doch Vorsicht – die Knödel und deftigen Soßen der böhmischen Küche haben es in sich, das Sättigungsgefühl stellt sich schon noch ein. Und um zum Dessert noch so verführerische Mehlspeisen wie Palatschinken oder Buchteln verdrücken zu können, müsste man ja sogar Reste liegen lassen!

Am Altstädter Ring

REISE-PLANUNG & ADRESSEN

Die Stadtviertel im Überblick

Bewohner und Besucher gaben Prag wohlklingende Beinamen wie etwa die »Hunderttürmige«, die »Goldene Stadt« oder gar die »Mutter der Städte« – all diese Bezeichnungen bezeugen den Respekt gegenüber dem Juwel in der Mitte Europas.

Das Gebiet der Millionenmetropole gliedert sich in vier historische Stadtteile, die bis 1784 noch alle selbstständig waren und heute in etwa dem Gebiet des UNESCO-Weltkulturerbes entsprechen.

Rechts der Moldau

Die rechte Moldauseite bildet die bezaubernde **Altstadt** (Staré Město) mit dem Altstädter Ring als anziehendes Herzstück. Gesäumt von seinen pittoresken Barockfassaden, gilt er als einer der eindrucksvollsten Plätze des ganzen Landes. Nahe der Moldau und noch innerhalb der Altstadt liegt **Josefov,** das einstige jüdische Ghetto mit seinen noch verbliebenen Synagogen und dem Alten Jüdischen Friedhof. Östlich der Linie von Národní (Nationalstraße) bis Revoluční (Revolutionsstraße) beginnt die bereits im 14. Jh. angelegte **Neustadt** (Nové Město) mit den beiden wichtigen Dominanten Wenzelsplatz und Karlsplatz, wo vor allem die Geschäftswelt mit Passagen und Einkaufszentren zu finden ist.

Daran gedacht?

Einfach abhaken und entspannt abreisen

- ☐ Reisepass / Personalausweis
- ☐ Flug- / Bahntickets
- ☐ Zulassungsschein / Führerschein
- ☐ Grüne Versicherungskarte
- ☐ Babysitter für Pflanzen und Tiere organisiert
- ☐ Zeitungsabo umleiten / abbestellen
- ☐ Postvertretung organisiert
- ☐ Fenster zumachen
- ☐ Nicht den AB besprechen »Wir sind für zwei Wochen nicht da«
- ☐ Kreditkarte einstecken
- ☐ Medikamente einpacken
- ☐ Ladegeräte

Links der Moldau

Ganz anders der Charakter auf der linken Moldauseite. Hoch oben im Viertel **Hradčany** thront die Prager Burg, die größte bewohnte Burganlage der Welt; gleichzeitig Sitz des Präsidenten und meistbesuchte Sehenswürdigkeit des Landes. Den Hradschiner Platz säumen Adelspaläste und die Nationalgalerie. Das kleinere Viertel unterhalb der Burg bis zur Moldau wird **Kleinseite** (Malá Strana) genannt. Im 13. Jh. ließen sich hier deutsche Kaufleute nieder, und es erhielt eigene Stadtrechte. Heute ist es ein beliebtes Viertel mit Barockpalästen und einer Vielzahl öffentlich zugänglicher Gärten. Der **Petřín** (Laurenziberg) begrenzt Burgviertel und Kleinseite nach Westen hin, er gilt als einer der sieben Hügel, auf denen Prag erbaut wurde.

Außenbezirke

Rings um die historischen Stadtteile liegen der **Vyšehrad** als zweite Prager Burg im Süden sowie die seit der Industrialisierung aufstrebenden Stadtteile: im Westen Smíchov, im Norden Holešovice, im Osten das Arbeiterviertel Žižkov und das Residenzviertel Vinohrady (Weinberge). Zwar verirren sich Reisende nur selten in diese Viertel, doch wirkt das Prager Leben dort authentischer als im historischen Zentrum.

Klima & Reisezeit

Mittelböhmen und Prag liegen in der Übergangszone vom atlantischen zum kontinentalen Klima, ähnlich wie München oder Wien.

Die mittleren täglichen Maximaltemperaturen in Prag betragen 1,1 °C im Januar und 24,1 °C im August, die mittleren täglichen Minimaltemperaturen –4 °C im Januar und 13,4 °C im August.

Prag kann man eigentlich das ganze Jahr über besuchen. Am angenehmsten sind die Frühlingsmonate, wenn die Gärten ihre volle Blütenpracht zeigen. Im Mai und Juni, zu den Festwochen des »Prager Frühlings«, wird es zum ersten Mal eng in der Stadt, Ostern, Himmelfahrt und Pfingsten wimmelt die Stadt dann vor Touristen. In der Ferienzeit (Juli/August) nutzen die Prager selbst jede Gelegenheit zur Flucht ins Grüne. Die milde Septembersonne taucht die Stadt in ein melancholisches Licht, während die häufig nebligen Oktober- und Novembertage sie in ein magisches Zwielicht hüllen. Der Winterschnee verleiht den Dächern und Kuppeln zwar einen besonderen Zauber, vermischt sich aber mit dem Straßenstaub schnell zu einem schmutzigen Brei, der nicht gerade zum Spazierengehen einlädt. Immerhin hat man an solchen Tagen die Sehenswürdigkeiten der Stadt fast ganz für sich allein. Zu Weihnachten und Silvester platzt die Stadt dann wieder aus allen Nähten.

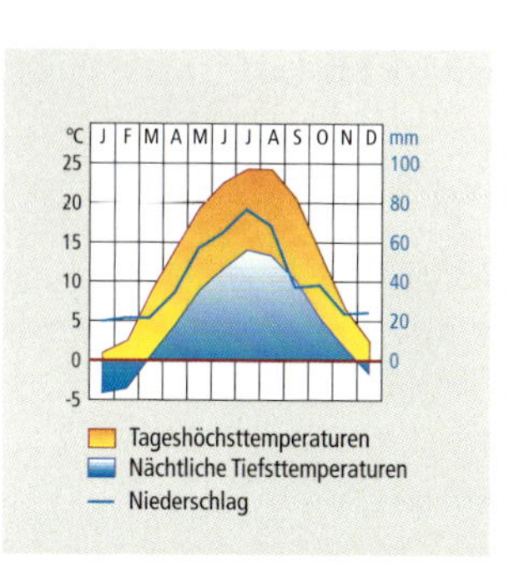

Anreise

Mit dem Auto

Die Verkehrsregeln und -zeichen in der Tschechischen Republik entsprechen dem westeuropäischen Standard. Autobahnen sind gebührenpflichtig, Vignetten sind an Grenzübergängen und Tankstellen erhältlich (Zehntages-, Monats- oder Jahresmarken zu 310, 440, 1500 Kč).

Für den Fahrer herrscht absolutes Alkoholverbot. Es besteht Anschnallpflicht für Autofahrer und Helmpflicht für Motorradfahrer. Höchstgeschwindigkeit für Pkws: 50 km/h innerorts, 90 km/h auf Landstraßen, 130 km/h auf Autobahnen; Motorräder dürfen außerorts generell nicht schneller als 80 km/h fahren. Auch tagsüber ist das Abblendlicht einzuschalten.

- **Polizei:** Tel. 158.
- Bei Autopannen helfen: **UAMK** (zentraler Automobilklub), Tel. 1230; **ABA** (Autoklub Bohemia Assistance), Tel. 1240.

Mit dem Zug

Von Berlin und Wien erreicht man Prag in etwa viereinhalb bis fünf Stunden. Von München (über Nürnberg) verkehrt der IC-Bus in derselben Zeit. Von Düsseldorf/Köln und Zürich/Basel verkehrt die City Night Line. Die meisten Züge treffen am Prager Hauptbahnhof (Praha hlavní nádraží) ein, einige wenige auch am Bahnhof Prag-Holešovice.

Der Prager Hauptbahnhof grüßt im Jugendstilgewand

Mit dem Flugzeug

Der internationale Václav-Havel-Airport Prag liegt 20 km westlich der Stadt. Ein Flughafenbus der Firma Cedaz bringt die Reisenden im Halbstundentakt bis zur Straße V Celnici in der Nähe der Ⓜ Náměstí Republiky. Außerdem verbinden Linienbusse den Flughafen mit der Metro: Bus 119 bis Ⓜ Dejvická und Bus 100 bis Ⓜ Zličín.

Mit dem Bus

In vielen Städten bieten Reiseveranstalter Pauschalreisen per Bus nach Prag an. Außerdem verkehren Linienbusse von Hamburg, München, Zürich und Wien zum Busbahnhof Florenc, am östlichen Rand der Neustadt, an der gleichnamigen Metrostation.

Mit dem Schiff

Die MS »Viking Schumann« fährt in 8 Tagen von Magdeburg über die Elbe (Fahrt durch die romantische Böhmische Schweiz) bis Mělník, von dort Transfer nach Prag. Nähere Informationen erteilt die Viking Schifffahrtsgesellschaft, Tel. 0221/25 86-0 (aus Deutschland); www.viking-flusskreuzfahrten.de.

Stadtverkehr

Öffentliche Verkehrsmittel

Die drei Metrolinien sowie Straßenbahnen und Busse verkehren zwischen 5 und 24 Uhr, tagsüber im 2- bis 10-Minuten-Takt, abends alle 15 Minuten. Gerade im Zentrum eröffnet eine Straßenbahnfahrt oft ungewöhnliche Perspektiven. Nach Mitternacht verkehren Busse und Straßenbahnen auf speziellen Nachtlinien (alle 20–30 Minuten). Für Nostalgiker empfiehlt sich eine Fahrt mit den historischen Waggons der Linie 91, die zwischen Prager Burg und Ausstellungsgelände via Wenzelsplatz verkehren (35 Kč). Für Metro, Straßenbahn und Busse gelten die gleichen Fahrkarten (er-

SEITENBLICK

Achtung Autofahrer

Nach wie vor ist Autodiebstahl ein Thema in Prag. Einschlägige Diebesbanden können Autos (und zwar nicht nur Modelle der Oberklasse) in Sekundenschnelle knacken – oft auf Bestellung. Am sichersten steht man in der Hotelgarage oder auf Parkplätzen, die rund um die Uhr bewacht sind, etwa auf dem Parkdeck vor dem Hauptbahnhof oder in den Parkhäusern am Rudolfinum bzw. am Platz der Republik im Einkaufszentrum Palladium. Von außen deutlich sichtbare Wegfahrsperren (z. B. Lenkradkrallen) und leere Innenräume sind ratsam.

Viele Parkplätze sind u. a. für Botschaften, Betriebe und Banken reserviert (blaue Beschilderung).

hältlich am Automaten, in Metrostationen, an Zeitungskiosken). Eine 30-minütige Fahrt mit Umsteigen kostet 24 Kč, für 90 Minuten sind es 32 Kč. Eine Tageskarte zu 110 Kč gilt 24 Stunden ab Entwertung, für 310 Kč kann man 72 Stunden fahren. Die Geltungsdauer beginnt mit der unbedingt erforderlichen Entwertung.

Viele Fahrkartenautomaten nehmen nur Münzen an – wenn Sie also abends oder am Wochenende am Bahnhof ankommen, empfiehlt es sich, bereits ausreichend tschechische Münzen dabeizuhaben.

Taxi

Im Vergleich zu vielen andern europäischen Metropolen ist Taxifahren in Prag ein preiswertes Vergnügen. Leider versuchen immer wieder schwarze Schafe unter den Taxifahrern, überhöhte Preise von Touristen zu verlangen, und schädigen so den Ruf der Stadt. Am besten also Taxis an entsprechend gekennzeichneten Standplätzen aufsuchen und – besonders am Abend – den Fahrpreis im Voraus abmachen. Fahrten durch das historische Zentrum sollten nicht mehr als 300 Kč kosten. Bewährt haben sich Taxizentralen wie **AAA** (Tel. 14 0 14) und **Taxi Praha** (Tel. 222 111 000).

Oldtimer

Am Kleinen Ring und in der Melantrichova laden Oldtimer aus den 1920er-Jahren zu einer Rundfahrt der besonderen Art ein. Eine 40 Minuten dauernde Fahrt für zwei Personen kostet rund 1200 Kč. **50 Dinge (5) › S. 12.**

Seilbahn

Von der Straße Újezd auf der Kleinseite fährt eine Seilbahn zum Laurenziberg mit schöner Aussicht an der Mittelstation Nebozízek (tgl. 9–23 Uhr). Von ganz oben sind Aussichtsturm, Spiegelkabinett und Sternwarte gut erreichbar. Tickets des öffentlichen Nahverkehrs sind gültig (32 Kč).

Dampferfahrt auf der Moldau

Schiffsverkehr

Die meistfrequentierte Anlegestelle für die beliebten Dampferfahrten auf der Moldau liegt an der Čechův most beim Hotel InterContinental.

Die Schiffe der Pražská paroplavební společnost, die in der warmen Jahreszeit wochenends zum Stausee Slapy fahren, legen am Rašínovo nábřeží ab (www.paroplavba.cz).

SPECIAL

Mit Kindern in der Stadt

Prag ist für Kinder aller Altersstufen geeignet. Wenn Kafka seine Heimatstadt schon für die »Mutter der Städte« hielt, muss sie ja etwas für ihre Kinder übrig haben!

Auf den ersten Blick fallen die »Hits für Kids« nicht wirklich auf. Doch man sollte nicht nur das kinderwagenfeindliche Kopfsteinpflaster oder die Rolltreppen in der Metro sehen: Es werden immer mehr Fahrstühle eingebaut, und für die Kinder bieten sich unzählige Möglichkeiten an.

Was sich draußen so abspielt

Viel Spaß für Jung und Alt ist direkt in den Prager Gassen zu erleben. Beim Malé náměstí (Kleiner Ring, Altstadt) lenken Chauffeure in historischer Kleidung ihre Oldtimer aus den späten 1920er-Jahren über das Kopfsteinpflaster. Oder wie wäre es mit einer Fahrt in kleinen Ausflugsbooten unter der Karlsbrücke hindurch? Die Boote von **Prague-Venice** starten an der Karlsbrücke beim Altstädter Brückenturm. Im März findet die **Matthias-Kirmes** auf dem Ausstellungsgelände (Výstaviště, Holešovice, Prag 7) mit großem Riesenrad statt. Dort beginnt der **Baumgarten** (Stromovka, Holešovice, Prag 7), die größte grüne Lunge am Rand des Zentrums. Landschaftlich gehört der 1931 gegründete **Prager Zoo** (U Trojského zámku 3, Troja, Prag 7, www.zoopraha.cz) zu den schönsten Europas. Auf 45 Hektar tummeln sich 4200 Tierarten aus 650 Rassen. Hauptattraktionen sind das Aussichtsplateau über das Afrikagelände und der Pavillon des indonesischen Dschungels. Kinder begeistert vor allem die Sesselbahn mit Blick auf die tierischen Bewohner.

Von Bad bis Bob

Tschechiens Hauptstadt gibt sich mit Ausnahme der fehlenden Fahrradwege doch ganz schön sportlich. Die nachfolgenden Tipps sind keineswegs nur für die Kinder, sondern für die ganze Familie gedacht:

- **Schwimmbad Podolí**
  Das größte Prager Schwimmbad liegt direkt an der Moldau, etwas südlich der Burg Vyšehrad.
  Podolská 74 | Podolí (Prag 4)
- **Kart Centrum**
  In einem ehemaligen Gewächshaus befindet sich die längste Indoor-Kartbahn Europas mit einer Länge von 910 Metern und mehr als 30 Kurven.
  Výpadová 1335 | Radotín (Prag 5)
- **Sparta Prag** [D2] (Milady Horákové 98, Bubeneč, Prag 7, www.sparta.cz) und **Slavia Prag** (Vladivostocká 2, Vršovice, Prag 10, www.slavia.cz) sind die beiden führenden Fußballvereine der Stadt. Slavias neues »Stadion Eden« mit einer Kapazität von 21 000 Zuschauern wurde 2008 eröffnet, danach gewann Slavia zweimal hintereinander den Meistertitel.

Im Spielzeugmuseum

- **Skateboarder** und Skater haben auf dem Letná-Plateau (Prag 7) [D2/3] ihren derzeit wichtigsten Treffpunkt.
- **Bobová dráha (Rodelbahn)**
  Zwar können Sie hier mit über 60 km/h die größte tschechische Bobbahn hinuntersausen, dennoch ist die Anlage völlig ungefährlich.
  Prosecká 34b | Prosek (Prag 9)

Museen und Unterhaltung einmal anders

Wer sagt denn, dass Kultur nicht auch für die Kleinen gemacht sein kann? Folgende Museen und Theater haben eine lange Tradition.

- **Theater von Špejbl und Hurvínek** [B2]
  Die beiden Holzmarionetten Vater Špejbl und Sohn Hurvínek treten bereits seit 1926 im In- und Ausland auf.
  Dejvická 38 | Dejvice (Prag 6)
  Tel. 224 316 784
  www.spejbl-hurvinek.cz
- **Divadlo Minor** [E5]
  Eigens für Kinder konzipierte Bühne mit Marionettenstücken und anderem.
  Vodičkova 6 | Neustadt
  Tel. 222 231 351 | www.minor.cz
- **Spielzeugmuseum** [C3]
  In einem kleinen Turm am hinteren Ende der Prager Burg zeigt das Museum seine Schätze, u. a. auch Spielzeug aus der Zeit unserer Großeltern.
  Jiřská 6 | Hradčany
  Tel. 224 372 294 | www.ivansteiger.de
- **Verkehrsmuseum** [A3]
  Mehr als 40 historische Wagen in einem alten Tramdepot.
  Patočkova 4 | Střešovice | Prag 6
  Tel. 296 128 900
  www.dpp.cz
  April–Mitte Nov. nur Sa/So

Unterkunft

Prag bietet den Besuchern ein breites Angebot, von preisgünstigen Hostels (ca. 15 € pro Bett) über einfache Hotels in den Stadtvierteln rings um das Zentrum (ca. 60–80 € pro Doppelzimmer) bis zum Luxushotel in der City (bis zu 400 €).

Die meisten der aufgeführten Hotels liegen in den historischen Vierteln von Prag 1, ansonsten wird eigens darauf hingewiesen. Seriös sind die besten Hotelagenturen im Internet, www.hotelsprague.cz und www.visitprague.cz. Schnäppchen finden sich auch auf www.hrs.de, und natürlich bieten Reisebüros eine Vielzahl von Pauschalarrangements an.

Luxushotels

Inzwischen hat sich fast jede Kette der Luxushotellerie in der Moldaumetropole niedergelassen und sorgt für eine Vielzahl von 5-Sterne-Häusern. Noch immer wird trotz teilweise rückläufiger Auslastung gebaut – ganz zum Wohle der Kundschaft.

The Augustine €€€ [C3]

Aus sieben historischen Gebäuden bestehendes Luxushotel hinter dem Waldstein-Garten mit eigenem Hamam.

- Letenská 12 | Kleinseite
  Tel. 266 112 233
  www.augustinehotel.com

Mandarin Oriental €€€ [C$]

! Nobelherberge in ehemaligem Klosterkomplex; großes Wellnessareal.

- Nebovidska 1 | Kleinseite
  Tel. 233 088 888
  www.mandarin-oriental.com/prague

Le Palais €€€ [F7]

Kleines, aber feines Luxushotel im Stil der Belle Époque am Rand des Viertels Vinohrady im einstigen Wohnhaus des

Charmant übernachten

- **Mandarin Oriental:** Hier wohnt man in alten Klostermauern auf höchstem Niveau mit dem größten Prager Wellnessareal. › **S. 29**
- **Paříž:** Jugendstil pur! Bohumil Hrabal schrieb: »Das Hotel Paris war so schön, dass es mich fast umwarf.« › **S. 30**
- **Aria:** Thematisch hat sich das Haus der Musik verschrieben, dazu bietet es eine grandiose Aussicht auf die Burg und die Grünanlagen der Kleinseite. › **S. 30**
- **U zlatého jelena**: Die einsamen alten Innenhöfe sind fast verschwunden, aber im »Goldenen Hirsch« lebt die Tradition noch heute fort. › **S. 31**
- **U raka:** Der Tipp für einen romantischen Aufenthalt in einem alten Holzhaus hinter der Prager Burg. › **S. 31**

Das Hotel Paříž – Nobelherberge und nationales Kunstdenkmal

Malers Luděk Marold. Entspannung bieten der Wellnessbereich und die englische Bibliothek.

- U Zvonařky 1 | Vinohrady (Prag 2)
  Tel. 234 634 111
  www.lepalaishotel.eu

Paříž €€€ [E4]

Das ! prächtige Jugendstilhotel mit seinem charakteristischen dreieckigen Grundriss und dem hervorragenden Restaurant »Sarah Bernhardt« gilt seit 1984 als nationales Kunstdenkmal.

- U Obecního domu 1 | Altstadt
  Tel. 222 195 195 | www.hotel-pariz.cz

Aria €€–€€€ [C4]

5-Sterne-Boutiquehotel mit 51 Suiten und Zimmern, die alle ! einem Komponisten oder Musikstil gewidmet sind.

- Tržiště 9 | Kleinseite
  Tel. 225 334 111 | www.ariahotel.net

Mittelklassehotels

Neue Hotels im Zentrum müssen mindestens vier Sterne haben. Daher sind bezahlbare Häuser der guten Mittelklasse rar.

U tři pštrosů €€–€€€ [C4]

Das Haus »Zu den drei Straußen« mit seinen charakteristischen Renaissancegiebeln liegt am Kleinseitner Ende der Karlsbrücke. Wo einst die ersten Kaffeebohnen in Prag verkauft wurden, ist heute ein vornehmes Restaurant.

- Dražického náměstí 12 | Kleinseite
  Tel. 777 876 667 | www.utripstrosu.cz

Botel Matylda €€ [D5]

Ungewöhnlich übernachten auf zwei rustikalen Hotelschiffen direkt auf der Moldau; dazu gute italienische Küche.

- Masarykovo nábřeží | Neustadt
  Tel. 222 511 826
  www.botelmatylda.cz

Salvator €€ [E3]

Beliebtes Hotel mit hübsch gestalteten Zimmern und gotischem Keller in denkmalgeschütztem Haus unweit vom Platz der Republik.

- Truhlářská 10 | Neustadt
  Tel. 222 312 234 | www.salvator.cz

Taurus €€
Sympathisches Jugendstilhotel im Residenzviertel Vinohrady mit historischer Inneneinrichtung in den individuell gestalteten Zimmern.
- Vinohradská 105 | Vinohrady (Prag 3)
  Tel. 222 727 313 | www.hoteltaurus.cz

U zlatého jelena €€ [E4]
Das etwas versteckt, aber zentral gelegene charmante Altstadthotel »Zum goldenen Hirsch« befindet sich in einem ! historischen Gebäude aus dem Jahr 1366 mit romantischem Innenhof.
- Celetná 11 | Altstadt
  Tel. 257 531 925
  www.goldendeer.cz

U raka € [A3]
Die malerische Gasse »Neue Welt« endet bei der Pension »Zum Krebs«, einem Holzhaus aus dem 18. Jh. mit Schieferdach, ! romantischem Garten und gemütlichem Café. Die Besitzer sind Künstler, das ist dem Haus anzumerken.
- Černínská 10 | Hradčany
  Tel. 220 511 100
  www.romantikhotel-uraka.cz

Designhotels

Der Trend zu modern gestylten Hotels hat längst das historische Prag erreicht, wo sich häufig traditionelle Mauern mit dem Design des 21. Jhs. verbinden.

The Icon €€€ [E5]
Kleines Designhotel nahe dem Geschäftszentrum Wenzelsplatz. Die handgefertigten Betten der schwedischen Firma Hästens wurden für höchsten Schlafkomfort ausgelegt.
- V Jámě 6 | Neustadt
  Tel. 221 634 100 | www.iconhotel.eu

Moods €€ [E/F3]
Durchdacht gestaltetes Boutiquehotel mit der modernen Technik von Apple und Bose.
- Klimentská 28 | Neustadt
  Tel. 222 330 100
  www.hotelmoods.com

Red and Blue €€ [B5]
Neues Designhotel zwischen Kleinseite und Smíchov mit 52 durchgestylten Zimmern in Blau oder Rot.
- Holečkova 13 | Smíchov (Prag 5)
  Tel. 257 535 557
  www.redandbluehotels.com

Preiswerte Unterkünfte

Am günstigsten übernachtet man in Prag nicht in Jugendherbergen, sondern in Hostels. Häufig kann man Doppelzimmer mit eigenem Bad buchen, meist werden jedoch Betten in Mehrbettzimmern angeboten.

Crib 15 € [E5]
Eines der beliebtesten Prager Hostels unweit des Wenzelsplatzes mit schönen Zimmern.
- Řeznická 15 | Altstadt
  Tel. 222 233 215
  www.prague-spirit.com

Czech Inn €
Modern gestaltetes Hostel im Residenzviertel Vinohrady.
- Francouzská 76 | Vinohrady (Prag 2)
  Tel. 267 267 600
  www.czech-inn.com

Miss Sophie's € [E6]
Erstes Designhostel in Prag, topmodern eingerichtet.
- Melounová 3
  Neustadt (Prag 2)
  Tel. 246 032 621
  www.miss-sophies.com

U sv. Kryštofa €
Pension in einem altehrwürdigen Herrenhaus außerhalb des Zentrums mit Parkplätzen im eigenen Hof.
- Záběhlická 72 | Záběhlice (Prag 10)
  Tel. 272 769 371
  www.krystof.cz

Essen & Trinken

Zur Zeit der Donaumonarchie gehörte es bei Adel und gehobenem Bürgertum zum guten Ton, seine Küche einer böhmischen Köchin anzuvertrauen.

Heute kocht die in der Regel berufstätige Tschechin nur noch für ihre Kleinfamilie. Geblieben ist die gutbürgerliche böhmische Küche mit all ihren opulenten Gaumenfreuden. Dazu gehört eine Suppe vorweg, z. B. Kuttelfleck- oder Gulaschsuppe, und eine reichhaltige Süßspeise zum Abschluss: Buchteln, Liwanzen, Palatschinken.

Deftig muss es sein, auch wenn die tschechische Hausfrau den Rezepten von einst heute nicht mehr uneingeschränkt folgt. Doch die Erinnerung daran klingt noch in jeder Soße nach.

In Prag schießen neue Lokale wie Pilze aus dem Boden, und das kulinarische Angebot entspricht dem einer Weltstadt. Feinschmecker kommen hier genauso auf ihre Kosten wie eilige Touristen. Obwohl das Angebot immer größer wird, empfiehlt es sich – gerade in Gourmetrestaurants –, Plätze zu reservieren. Die Prager Kaffeehäuser waren früher Stammlokale von Künstler- und Literatenzirkeln. Sie wurden nicht nur als Orte des Austauschs untereinander genutzt, sondern auch zum Schreiben. Im Hintergrund klimperte dazu meist ein Klavierspieler.

Palatschinken ist eine süße Verführung

Heute versucht man, an diese Tradition wieder anzuknüpfen. Bei den folgenden Restaurantempfehlungen wird vorausgesetzt, dass der Prag-Besucher zunächst einmal die heimische Küche kennenlernen will und die nächste Pizza lieber beim Italiener zu Hause bestellt.

Kontrollieren Sie immer die Rechnung; nicht selten findet sich da etwas aufgelistet, das man gar nicht konsumiert hat. Und Achtung: Wenn Sie im Freien Platz nehmen, sind die Preise häufig höher als im Innern des Lokals. Auch ist es in Prag üblich, pro Tisch und nicht einzeln pro Person zu kassieren.

Den besten Überblick über die Gastroszene vermittelt der nur auf Englisch erhältliche Führer »Square Meal«. In der deutschsprachigen »Prager Zeitung« werden jede Woche neue Restaurants vorgestellt und ein guter Überblick über Lokale aller Kategorien vermittelt.

Die Prager Spitze

Kampa Park €€€ [C4]

Direkt am Ufer der Moldau einen Platz zu ergattern, ist nicht gerade leicht. Die besten Köche kreieren hier feine Variationen von Reh und Hirsch.

- Na Kampě 8b | Kleinseite
  Tel. 257 532 685
  www.kampapark.com
  tgl. 11.30–1 Uhr

Pálffy Palác €€€ [C3]

Restaurant im Palais der Adelsfamilie Pálffy; barocker Innenraum und **!** Terrasse mit Aussicht auf die Burggärten › S. 98.

- Valdštejnská 14 | Kleinseite
  Tel. 257 530 522
  www.palffy.cz
  tgl. 11–23 Uhr

Villa Richter €€€ [C3]

Vor einigen Jahren wurde der Weinberg östlich der Prager Burg mitsamt der noblen Villa Richter und seinen zwei Restaurants öffentlich zugänglich. Toller Blick auf Kleinseite und Karlsbrücke vom Glashaus aus.

- Staré zámecké schody 6
  Hradčany
  Tel. 257 219 079
  www.villarichter.cz
  tgl. 11–23 Uhr

Typisch genießen

- **Pálffy Palác:** Speisen in einem vornehmen Barockpalast aus dem 17. Jh. auf der romantischen Kleinseite mit Blick in die Palastgärten unter der Prager Burg. › S. 33
- **Lví dvůr:** Der »Löwenhof« beim Seiteneingang der Prager Burg fungiert als »Kantine des Präsidenten« und zelebriert Spanferkel und Wiener Schnitzel auf hohem Niveau. › S. 34
- **Tři století:** Böhmische Küche par excellence auf der Kleinseite. Unbedingt den Lendenbraten probieren! › S. 34
- **U zlatého tygra:** Der »Goldene Tiger« ist ein Paradebeispiel für eine typische Altprager Bierstube mit gut ausgeschenktem Pilsner Urquell, leckerem Bierkäse und uriger Atmosphäre. › S. 39
- **U Fleků:** Prags älteste Bierstube serviert zum selbst gebrauten Gerstensaft auch böhmische Klassiker wie Gulasch und Lendenbraten. › S. 134

Zlatá Praha (Goldenes Prag) €€€ [D3]
Im obersten Stock des InterContinental. Sehr guter Sonntagsbrunch.
• Pařížká 30 | Altstadt
Tel. 296 630 914
www.zlatapraharestaurant.cz
Mo–Sa 12–23.30, So 11–15, 18–23.30 Uhr

Lví dvůr (Löwenhof) €€–€€€ [B3]
In diesem ! ausgezeichneten Restaurant beim Seiteneingang zur Burg speist auch der Präsident. Empfehlung: Spanferkel nach einem Rezept des 16. Jhs.
• U Prašného mostu 6 | Hradčany
Tel. 224 372 361 | www.lvidvur.cz
tgl. 11–23 Uhr

Typisch böhmisch

Hanavský Pavilon €€–€€€ [D3]
Romantischer Pavillon hoch über der Stadt über dem Letná-Plateau mit wunderbarem Blick auf die Altstadt.
50 Dinge (18) › S. 14.
• Letenské sady 173 | Holešovice
Tel. 233 323 641
www.hanavskypavilon.cz
tgl. 11–24 Uhr

Kolkovna €€ [D3]
Stilvolles »Pilsner-Urquell-Original-Restaurant«; umfangreiche Karte böhmischer Gerichte. Abends reservieren!
• V Kolkovně 8 | Altstadt
Tel. 224 819 701 | www.vkolkovne.cz
tgl. 11–24 Uhr

Mincovná €€ [D4]
Neues Restaurant in einer historischen Münzprägerei am Altstädter Ring. Hochwertige böhmische Küche, kein Touristeneinerlei.
• Staroměstské náměstí 7 | Altstadt
Tel. 727 955 669
www.restauracemincovna.cz
Tgl. 11–24 Uhr

Tři století (Drei Jahrhunderte) €€ [C4]
! Ausgezeichnete Suppen (Tipp: »kulajda«) und böhmische Gerichte serviert das Häuschen in einer Nebengasse bei der Karlsbrücke.
• Míšeňská 4 | Kleinseite
Tel. 257 217 940
www.tristoleti.cz | tgl. 10–24 Uhr

Kolonial €–€€ [D3]
Pfiffiges Restaurant mit moderner einheimischer Küche und allerlei Drahteseln im Interieur – nicht nur für Radfahrer.
• Široká 6 | Josefov
Tel. 224 818 322
www.kolonialpub.cz
Mo–Fr 8–24, Sa/So 9–24 Uhr

Hloupý Honza € [E5]
Der »Hans im Glück« bietet böhmische Küche in rustikalem Ambiente und ist bei Einheimischen sehr beliebt.

SEITENBLICK

Dauerbrenner

Trotz des Heißhungers der Tschechen auf alles Neue – die heimische Küche beherrscht nach wie vor der Knödel, meist als Beilage zu Schweine- oder Lendenbraten. Es gibt ihn in zahlreichen Variationen: als Kartoffel- oder Semmelknödel, als Speckknödel und als Obstknödel, der meist aus einem Quark- oder Kartoffelteig zubereitet und mit Erdbeeren, Aprikosen, Kirschen oder Pflaumen gefüllt wird.

- Školská 12 | Neustadt
  Tel. 222 230 036
  www.hloupyhonza.cz
  Mo–Sa 11–24, So 11–23 Uhr

Internationale Gastronomie

Barock €€€ [D3]
Sehen und gesehen werden heißt die Devise in diesem asiatisch angehauchten Café-Restaurant auf dem Pariser Boulevard. Man muss aber keinen Ferrari fahren, um hier einzukehren.
- Pařížská 24 | Josefov
  Tel. 222 329 221
  www.barockrestaurant.cz
  tgl. 10–1 Uhr

SaSaZu €€€
Die wohl gelungenste Mischung von authentischer Thaiküche mit Einflüssen anderer asiatischer Länder.
- Bubenské nábřeží 13
  Holešovice (Prag 7)
  Tel. 284 097 455
  www.sasazu.com
  So–Do 12–24, Fr/Sa 12–1 Uhr

Čestr €€–€€€ [F5]
Nur das Beste von der Kuh kommt in diesem Steakrestaurant auf den Tisch, mit leckeren Soßen in luftiger Atmosphäre.
- Legerova 75 | Neustadt
  Tel. 222 727 851 | www.ambi.cz
  Mo–Fr 11.30–23, Sa 12–23,
  So 12–22 Uhr

Café de Paris €€ [C4]
Hier gibt es das beste Entrecôte der Stadt mit Soße »Café de Paris«, serviert vom pfiffigen Gastronomen Pavel Culek.
- Maltézské náměstí 4 | Kleinseite
  Tel. 603 160 718
  www.cafedeparis.cz
  Mo–Fr 8–24, Sa/So 11.30–24 Uhr

Typisch böhmische Küche: Lendenbraten in Rahmsoße mit Knödeln und dunklem Bier

Noodles €€ [E5]
Das moderne Restaurant im Hotel Yasmin zelebriert leckere Nudelgerichte aus aller Welt.
- Politických vězňů 12 | Neustadt
  Tel. 234 100 110
  www.noodles.cz
  tgl. 6.30–23 Uhr

Ola Kala €€
Französisch angehauchtes kleines Bistro im beliebten Stadtteil Vinohrady (Weinberge) mit exzellenter internationaler Küche und guter Weinauswahl; veranstaltet auch Kochkurse.
- Korunní 48 | Vinohrady (Prag 2)
  Tel. 222 540 400
  www.olakalabistro.cz
  Di–Fr 11–15, 18–23, Sa 17–23 Uhr

Im Café Imperial

Století €€ [D4/5]
Das in Erdtönen stilvoll gestaltete Restaurant kombiniert internationale Küche mit böhmischen Einflüssen; die Gerichte tragen die Namen berühmter Persönlichkeiten.

- Karoliny Světlé 21 | Altstadt
  Tel. 222 220 008
  www.stoleti.cz
  tgl. 12–24 Uhr

Trattoria Cicala €€ [E5]
Kaum ein Hollywoodstar, der nicht schon bei Aldo Cicala eingekehrt ist, um dessen gute italienische Küche zu genießen.

- Žitná 43 | Neustadt
  Tel. 222 210 375
  www.trattoria.cz
  Mo–Sa 11.30–22.30 Uhr

Kaffeehauskultur

Café Imperial €€ [F3]
Das zwischen Jugendstil und Art déco anzusiedelnde Café mit alter Keramik erinnert irgendwie an den Nahen Osten. Viele Einheimische schätzen die Küche von Fernsehkoch Zdeněk Pohlreich.
50 Dinge ⑬ › **S. 13.**

- Na Poříčí 15 | Neustadt
  Tel. 246 011 440
  www.cafeimperial.cz
  tgl. 7–23 Uhr

Café Savoy €€ [C5]
Traditionelles Café mit fünf Meter hoher klassizistischer Stuckdecke und der umfangreichsten Karte aller Prager Kaffeehäuser, von Würstchen bis Steaks.

- Vítězná 5 | Kleinseite (Prag 5)
  Tel. 257 311 562
  www.ambi.cz
  Mo–Fr 8–22.30, Sa–So 9–22.30 Uhr

Café Slavia €€ [D5]
Im berühmtesten der Prager Kaffeehäuser trafen sich früher Literaten wie Čapek, Rilke und Seifert oder Komponisten wie Smetana. Heute kehren heute auch die Mitglieder des Nationaltheaters und Künstler aller Sparten ein.
50 Dinge ㉑ › **S. 14.**

- Smetanovo nábřeží 2 | Altstadt
  Tel. 224 218 493
  www.cafeslavia.cz
  Mo–Fr 8–24, Sa/So 9–24 Uhr

Kavárna Obecní dům €€ [E4]
Schönstes Jugendstilcafé der Stadt im linken Flügel des Gemeindehauses; täglich Livemusik. Die Kellner kommen immer wieder mit dem Tortenwagen vorbei.

- Náměstí Republiky 5 | Altstadt
  Tel. 222 002 763
  www.kavarnaod.cz
  tgl. 7.30–23 Uhr

Louvre €€ [D5]
Das traumhafte Kaffeehaus strahlt noch heute den Charme der Ersten Republik aus. Mit Nichtraucherraum und Billardtischen. Günstiges Mittagsgericht.
50 Dinge (20) › S. 14.

- Národní 20 | Neustadt
  Tel. 224 930 949
  www.cafelouvre.cz
  Mo–Sa 8–23.30, So 9–23.30 Uhr

Amandine €–€€ [D6]
In der Nähe vom Karlsplatz betreten vor allem Einheimische das beeindruckende Eckcafé im Pariser Chic mit allerlei Jugendstildetails.

- Na Moráni 17 | Neustadt (Prag 2)
  Tel. 222 524 305
  www.cafeamandine.cz
  Mo–Fr 8–21.30, Sa/So 9–21 Uhr

Dobrá čajovna € [E4/5]
Eine der beliebtesten Prager Teestuben in einem versteckten Innenhof am Wenzelsplatz mit separatem Liegeraum.

- Václavské náměstí 14 | Neustadt
  Tel. 224 231 480
  www.tea.cz/cajovna
  Mo–Sa 10–21.30, So 14–21.30 Uhr

Grand Café Orient € [E4]
Die kubistische Gestaltung des Cafés ist außergewöhnlich. Unbedingt probieren sollte man den Apfelstrudel mit sehr gutem Preis-Leistungs-Verhältnis.
50 Dinge (25) › S. 15.

- Ovocný trh 19 | Altstadt
  Tel. 224 224 240
  www.grandcafeorient.cz
  Mo–Fr 9–22, Sa, So 10–22 Uhr

Vegetarisches

Country Life € [D4]
Vegetarisches Restaurant im gleichnamigen Bioladen, günstiges Büfett.

- Melantrichova 15 | Altstadt
  Tel. 224 213 366
  www.countrylife.cz
  Mo–Do 10.30–19.30, Fr 10.30–15, So 12–18 Uhr

Lehká hlava € [D4]
Im »Leichten Kopf«, einem ausgezeichneten und dabei günstigen vegetarischen Restaurant in einer malerischen Sackgasse, gibt es auch Sonntagsbrunch.

- Boršov 2 | Altstadt
  Tel. 222 220 665
  www.lehkahlava.cz
  Mo–Sa 11.30–23.30, So 12–23.30 Uhr

Koschere Küche

King Solomon €€ [D3]
Hier wohnte einst Rabbi Löw, der Schöpfer des Golems. Spezialität: Lammzunge »Opfer Abrahams«.

- Široká 8 | Josefov
  Tel. 224 818 752
  www.kosher.cz
  So–Do 12–23 Uhr

SPECIAL

Frisch gezapft

Zelebriert, nicht nur getrunken

Bier – pivo – wird in Prag nicht einfach nur getrunken, sondern zelebriert. Schon das Einschenken wird als hohe Kunst gepflegt. Der Schaum muss so dicht sein, dass ein Streichholz mindestens zehn Sekunden darin stehen bleibt. Und jeder Prager kann eine Kneipe nennen, in der der Schankkellner diese Kunst perfekt beherrscht.

Über 140 Liter pro Kopf und Jahr

Die Tschechen sind Weltmeister im Biertrinken. Jeder Einwohner konsumiert im Schnitt 145 Liter jährlich, Export nicht mitgerechnet. Das weiche Quellwasser, der weltweit bekannte Saazer Hopfen und der Schimmelpilz in den Gärkellern machen die Qualität des berühmten »Pilsner Urquell« aus.

Wichtiges Unterscheidungskriterium beim Bier ist die Stammwürze. Vom hellen 7-grädigen, das die Bergleute schon zum Frühstück trinken, bis zum dunklen 14-grädigen reicht die Palette. Und je alkoholreicher das Bier ist, umso fester muss seine Krone sein. Na zdraví – Prost!

Die Kunst des Brauens

Über die Entstehung des Biers kann man sich in der 500 Jahre alten Brauereigaststätte **U Fleků** › S. 134 informieren. Im Gebäude der Mälzerei wird gezeigt, wie Prags kleine Brauereien einst arbeiteten. Im Gastgarten treffen sich vormittags (ab 10 Uhr geöffnet!) die Durstigen zum Frühschoppen.

 Gemütliche Atmosphäre im U kalicha

Treffpunkt Bierkneipe

Was für die Polen die Kirche, war für die Tschechen einst die Bierkneipe. Als die verhassten Habsburger an der Macht waren, trafen sich Arbeiter wie Intellektuelle in der »Hospoda«, der Kneipe, zur lautstarken Opposition gegen die Herrschenden.

Jan Neruda, der bekannteste tschechische Schriftsteller jener Zeit, sagte einmal: »Wenn im Garten des Wirtshauses ›Zum weißen Löwen‹ der Baum auf die Gäste gestürzt wäre, wäre es mit der tschechischen Nation vorbei gewesen.«

- **U kalicha (»Zum Kelch«)** €€ [E6]
  Da hier der brave Soldat Schwejk einkehrte, ist der »Kelch« das im Ausland bekannteste Lokal der Stadt – und so findet man hier häufig Touristen.
  Na Bojišti 12 | Neustadt (Prag 2)
- **U pinkasů** €€ [E4/5]
  In diesem Lokal wurde das Pilsner Urquell erstmals außerhalb von Pilsen ausgeschenkt. Trotz umfangreicher Renovierung noch immer bezahlbar.
  Jungmannovo náměstí 15
  Neustadt
- **U provaznice (»Zur Seilerin«)** €€ [E4]
  Urige Bierstube hinter der Metrostation Můstek mit amüsanter Farbgestaltung, eher geeignet zum Trinken mit Freunden als zum Speisen.
  Provaznická 3 | Altstadt
- **U dvou koček (»Zu den zwei Katzen«)** € [D4]
  Unter Arkaden verborgen trinken mehr Einheimische als Touristen gut gezapftes Pilsner Urquell. Abends Livemusik (kostet Zuschlag!).
  Uhelný trh 10 | Altstadt
- **U medvídků (»Zu den kleinen Bären«)** € [D4]
  Budweiser vom Fass, böhmische Küche, abends geht es hoch her.
  50 Dinge ⑮ › S. 13.
- **U zlatého tygra (»Zum goldenen Tiger«)** € [D4]
  Spezialitäten dieser berühmten Altstadtkneipe sind Bierkäse und eingelegte Würstchen (»utopenci«). › S. 80

Beim Brauen zusehen

In den kleinen Brauereien kann man den Brauern noch bei der Arbeit zuschauen.

- **Novoměstský pivovar** €€ [E5]
  In der »Neustädter Brauerei« lassen Harmonikaspieler altböhmische Lieder zur Schweinshaxe erklingen. Sehenswert sind die bemalten Gewölbekeller.
  Vodičkova 20 | Neustadt
- **Pivovarský dům** €–€€ [E6]
  Im »Bierbrauhaus« kehren viele Einheimische ein. **50 Dinge** ⑯ › S. 13.
  Lípová 15 | Neustadt

Tschechisches Bier genießt Weltruhm

Shopping

Internationale Designer bestimmen das Bild der mondänen Pariser Straße, im vollständig restaurierten Ungelt-Hof gibt es moderne tschechische Kunst zu kaufen, und zwischen Altstädter und Kleinseitner Ring liegt das Zentrum der Glas-, Granat- und Spielzeughändler.

Nicht minder interessant sind die Einkaufspassagen der Neustadt. Schon immer spielte sich in den hellen gläsernen Galerien ein Gutteil des gesellschaftlichen Lebens der Stadt ab. Inzwischen wurden Kino- und Theatersäle durch Boutiquen und Cafés ergänzt.

Die lange Liste der traditionellen tschechischen Produkte wird vom Kristallglas angeführt. Einen guten Ruf genießen außerdem die Lederverarbeitung – Handschuhe sind besonders empfehlenswert – und die Hutmode.

Preisgünstig sind tschechische CDs und Bücher. Die großen Buchhandlungen bieten eine breite Auswahl an Bildbänden und ins Deutsche übersetzter tschechischer Literatur an. In den vielen Antiquariaten und Antiquitätenhandlungen kann man beim Stöbern wertvolle Stücke entdecken.

Beliebte Mitbringsel sind außerdem in Dosen verpackter Prager Schinken, der Kräuterlikör Becherovka, Weine aus Südmähren sowie Absinth, der allerdings nicht jedermanns Geschmack ist.

Tschechien kennt kein Ladenschlussgesetz, und so können Sie sich Zeit lassen – die Supermärkte und Souvenirshops sind meist täglich bis 21 Uhr geöffnet. Kreditkarten werden meist akzeptiert. Sehenswert sind die Oster- und Weihnachtsmärkte auf dem Altstädter Ring und dem Wenzelsplatz.

Antiquariate

Judaica [D3]
Breite Auswahl alter und neuer Literatur zu Judentum und Holocaust. Sa geschl.
• Široká 7 | Josefov

Karel Křenek [D5]
Große Auswahl sehr alter, wertvoller Bücher und Landkarten. Sa, So geschl.
• Národní 20 | Neustadt

Kózaková [D5]
Gut sortiertes Antiquariat im ruhigen Teil der Neustadt; v.a. Sprachen und Fachliteratur.
• Myslíkova 10 | Neustadt

Antiquitäten

Bríc à Brac [E4]
Der kleine bunte Trödelladen lädt zum Stöbern ein, mit Fortsetzung im zweiten Geschäft im Hinterhof.
• Týnská 7 | Altstadt

Dorotheum [E4]
Wiener Auktionshaus, u.a. für Möbel, Gemälde und Silber. Mehrmals im Jahr Auktionen in Prager Hotels. So geschl.
• Ovocný trh 2 | Altstadt

Jan Huněk [E4]
Spezialisiert auf Uhren aus dem 20. Jh., alten Granatschmuck, Porzellanfiguren

(z.T. aus Meißen), Silber und Sammlertassen. Sa und So geschl.
• V Celnici 10 | Neustadt

Království hodin [D5]
Das Geschäft ist auf wertvolle Taschenuhren spezialisiert. Sa und So geschl.
• Mikulandská 10 | Neustadt

Ungelt [E4]
Rosenholzmöbel und neobarocke Sessel an der Außenmauer des Teynhofes.
• Týn 1 | Altstadt

Bücher

Kanzelsberger [E5]
Bücher, Kalender, Postkarten und CDs auf zwei Etagen.
• Václavské náměstí 42 | Neustadt

Neo Luxor [E5]
Größter Buchladen der Stadt mit kleinem Café im ersten Stock.
• Václavské náměstí 41 | Neustadt

Vitalis [C3]
Buchhandlung im Kafka-Haus im Goldenen Gässchen, die eng an die Tradition der deutschen Literatur in Prag anknüpft. **50 Dinge** (37) › S. 16.
• Zlatá ulička 22 | Hradčany

CDs

Bazar [E5]
Eine Riesenauswahl an Secondhand-CDs und LPs! Sa und So geschl.
• Krakovská 4 | Neustadt

Bontonland [E4]
Hier finden Sie die größte Auswahl an CDs in ganz Prag.
• Václavské náměstí 1
Neustadt

Antiquitäten aller Art sind in Prag zu finden

Maximum Underground [D4]
Spezialgeschäft für alternative CDs der Genres Rock, Folk, Dance, Blues, Ambient und Indie.
• Jilská 22 | Altstadt

Fotoapparate

Jan Pazdera [E5]
Riesige Auswahl gebrauchter Geräte sowie Zubehör, auch optische Instrumente. So geschl.
• Vodičkova 28 | Neustadt

Foto Škoda [E5]
Vor allem neue Apparate und Dienstleistungen im schönsten Prager Fotogeschäft. So geschl.
• Vodičkova 37 | Neustadt

Glas und Porzellan

Artěl [E4]
Stilvolles Souvenirgeschäft mit Glas der Traditionsmarke Artěl sowie Modeschmuck und kreative Geschenkideen.
50 Dinge (34) › S. 16.
• Celetná 29 (Eingang Rybna) | Altstadt

Erpet [D4]
Fachgeschäft mit Riesenauswahl an Glas und Porzellan mit mehrsprachiger

Bedienung. Liefert direkt ins Hotel oder nach Hause.
• Staroměstské náměstí 27 | Altstadt

Moser [E4]
Das schönste Prager Glasgeschäft in der Grabenstraße führt Kristallglas ohne Bleizusatz. Hochwertiges hat aber natürlich seinen Preis!
• Na Příkopě 12 | Neustadt

Wedgwood [E5]
Englisches Porzellan, Kupfertöpfe und stilvolles Zubehör. So geschl.
• Vodičkova 28 | Neustadt

Kaufhäuser

Debenhams [E4/5]
Britische Kaufhauskette, vor allem mit Kleidung und Heimeinrichtung.

Eine Pracht: böhmisches Kristall

• Václavské náměstí 21 Neustadt

Tesco [D5]
Glanzvoll renoviertes Kaufhaus mit riesiger Lebensmittelabteilung und eigener Terrasse. **50 Dinge** (35) › **S. 16.**
• Národní 26 | Neustadt

Mode

Bat'a [E4]
Stammhaus des weltberühmten Schuh-Kaufhauses: Große Auswahl an preisgünstigen Modellen.
• Václavské náměstí 6 | Neustadt

Beata Rajská [D/E4]
Raffiniert-elegante Designermode von der preisgekrönten Ausstatterin der einstigen Miss Tschechien. So geschl.
• Dlouhá 3 | Altstadt

Blažek [E4/5]
Klassischer Herrenausstatter aus Prag, der auch Post und Polizei beliefert.
• Václavské náměstí 24 | Neustadt

Delmas [E5]
Große Auswahl an hochwertigen Handtaschen und anderen Lederprodukten, zum Teil aus einheimischer Produktion.
• Vodičkova 36 | Neustadt

Galerie Heleny Fejkové [D4/5]
Extravagant-schicke, detailverliebte Designermode tschechischer Herkunft für Damen und Herren. Sa, So geschl.
• Martinská 4 | Altstadt

Hermès [D3/4]
Herrliche Hals- und Badetücher zu fürstlichen Preisen.
• Pařížká 12 | Altstadt

Model [E4]
Ein Paradies für Hutliebhaber: von schlicht bis ausgefallen in allen erdenklichen Farben und Größen. Dazu passende Accessoires wie Ansteckblumen.
- Na Příkopě 12
  Neustadt

Onvi & Onavi [E4]
Modische Kleidung für Sie und Ihn im höheren Preissegment.
- U Prašné brány 1–3
  (nahe Gemeindehaus) | Altstadt

Musikinstrumente

Dům hudebních nástrojů [E4/5]
Fünf separate Geschäfte im »Haus der Musikinstrumente« bieten von der Mundharmonika bis zum Flügel alles an. So geschl.
- Jungmannovo náměstí 17 | Neustadt

Talacko [E3]
Große Auswahl an Noten für Klavier und andere Instrumente. So geschl.
- Rybná 29 | Altstadt

Schmuck und moderne Kunst

Cinolter [D4]
Diamanten, antiker Schmuck und Gemälde.
- Maiselova 9 | Josefov

Granát Turnov [D4]
Granatschmuck, Gold und Silber.
50 Dinge (41) › **S. 17.**
- Dlouhá 28 | Altstadt

Miss Bijoux [E5]
Nordböhmische Bijouterie, Perlen und Modeschmuck.
- Václavské náměstí 23
  Neustadt

Swarovski [E4]
Funkelnder Schmuck aus geschliffenem Kristall, z.B. Granat, Rubin, Glas; auch Fabergé-Eier.
- Celetná 7 | Altstadt

Delikatessen

Amana [E5]
Das wohl beste Teegeschäft der Stadt mit eigenem Import. Hier kann man die Sorten auch gleich probieren.
- Školská 38 | Neustadt

Prachtvolle Einkaufspassagen

- Das beste Glas gibt es bei Moser in der Passage **Černá růže** (»Schwarze Rose«), Na Příkopě 12, Neustadt [E5].
- Klassisch ist die Einkaufspassage **Lucerna** mit Café und Kino, Štěpánská 61/Vodičkova 36, Neustadt. › **S. 128**
- Modern ist die **Myslbek-Passage** mit vielen Geschäften, Na Příkopě 19, Altstadt [E4].
- Die größte Shoppingmall am Rand des Zentrums bei der Metrostation Anděl ist **Nový Smíchov,** Plzeňská 8, Smíchov (Prag 5) [C6].
- Ein Erlebnis ist das neueste Einkaufszentrum **Palladium**, Náměstí Republiky 1, Neustadt [E4].
- Eine tolle Glasarchitektur der 1930er-Jahre bietet die **Rokoko-Passage** mit eigenem Theater, Václavské náměstí 38, Neustadt. › **S. 128**

Botanicus [E4]
Wohlriechendes Paradies im Teynhof für Mitbringsel wie Öl, Essig, Gewürze, Tee, getrocknete Früchte, Seifen und vieles mehr. Im Zentrum gibt es noch weitere Filialen. **50 Dinge** (40) › **S. 16.**
• Týn 3 | Altstadt

La Bottega Bistroteka [E3]
Italienische Delikatessen in hochwertiger Qualität und eigenem Bistro.
• Dlouhá 39 | Altstadt

Country Life [D4]
Ökolebensmittel und gutes vegetarisches Selbstbedienungsrestaurant. Sa geschl.
• Melantrichova 15
Altstadt

Culinaria [D4]
Gesunde Lebensmittel in hoher Qualität mit guter Beratung.
• Skořepka 9 | Altstadt

Jan Paukert [D5]
Spirituosen, Wurst, Schinken und kleine Snackbar.
• Národní 17 | Altstadt

Spielzeug

Sparkys [E4]
Paradies für moderne Spielsachen.
• Havířská 2 | Altstadt

Truhlář Marionety [C4]
Handgemachte Marionetten aus eigener Produktion. **50 Dinge** (38) › **S. 16.**
• U lužického semináře 5 | Kleinseite

V Ungeltu [E4]
Holzspielzeug und Marionetten im Teynhof.
• Týn 10
Altstadt

Volkskunst

Keramika [D4]
Wer volkstümliche böhmisch-mährische Handwerkskunst aus Keramik sucht, ist hier goldrichtig.
• Havelská 21 | Altstadt

Manufaktura [D4]
Küchengeräte aus Holz, Keramik, Stoffe, bemalte Ostereier, Kerzen.
• Melantrichova 17 und Karlova 26
Altstadt

Sanu Babu [D4]
Leinen und andere hochwertige Textilien, asiatische Kunst.
• Michalská 20 | Altstadt

Wein

Cellarius [E5]
Großes Angebot tschechischer Weine im Herzen der Passage.
• Štěpánská 61 (Lucerna-Passage)
Neustadt

Monarch [D5]
Regale voller Wein aus Mähren und aller Welt sowie hübsche Räumlichkeiten zum Verkosten an der Weinbar.
• Na Perštýně 15 | Altstadt

SEITENBLICK

Öffnungszeiten

Die üblichen Öffnungszeiten sind Mo–Fr 9–18 Uhr, Sa bis 14 Uhr. Modegeschäfte öffnen oft erst um 10 Uhr, Kaufhäuser und Souvenirgeschäfte im Zentrum sind täglich für ihre Kunden da.

Am Abend

Das Nachtleben in Prag ist abwechslungsreich und experimentierfreudig. An nur einem Abend kann man zwischen mindestens zehn Konzerten in Kirchen und barocken Palais und ebenso vielen Auftritten von Jazzmusikern wählen.

Gab es bis zur Wende 1989 nur zwei »Schwarzlichttheater«, bewegen sich inzwischen auf acht tiefschwarzen Bühnen scheinbar schwerelos Hüte, Musikinstrumente und Alice im Wunderland. Einzig die Laterna magika – eine überaus fantasievolle Verbindung von Film, Tanz und Pantomime – ist bislang nicht kopiert worden.

Prag zählt seit Jahrzehnten zu den wichtigsten europäischen Jazz-Zentren. Während der sozialistischen Ära bot die Szene Regimekritikern ein Podium. Heute beeindruckt sie durch die breite Palette von Bands, die vom traditionellen Dixieland einheimischer Provenienz über nostalgischen Swing bis zu den Trendsettern der Avantgarde reicht. Ein traditionelles Jazzfestival steht jedes Jahr Ende Oktober auf dem Programm.

Rockkonzerte fanden vor der Revolution meist im »Underground« statt. Heute wiederum kämpfen die tschechischen Rocker gegen die Übermacht der allgegenwärtigen US-Bands an. Im ganzen Land ist amerikanischer Folk sehr beliebt. Das hängt mit der Wanderfreude der Tschechen und ihrer lange unterdrückten Sehnsucht nach mehr persönlicher Freiheit zusammen.

Schauspiel, Oper und Ballett auf höchstem Niveau bietet das Prager Nationaltheater

Theater und Oper

Divadlo Metro [D5]

Satirisch, ironisch, intelligent. Der Gründer, František Kratochvil, besitzt das einzige Patent für Schwarzes Theater. **50 Dinge** (22) › **S. 14.**

- Národní 25 (Metro-Passage) Altstadt | Tel. 221 085 276 www.blacktheatreprague.cz

Hudební divadlo Karlín (Musiktheater Karlín) [F3]

Klassische Bühne für Musicals und Operetten; sehenswerte Inszenierungen.

- Křižíkova 10 | Karlín (Prag 8) Tel. 221 868 666 | www.hdk.cz

Laterna magika [D5]

Einmalige multimediale Synthese von Ballett, Musik und Projektion seit 1958 › **S. 132.**

- Národní 4 | Neustadt Tel. 224 931 482 | www.laterna.cz

Národní divadlo (Nationaltheater) [D5]

Opern- und Ballettaufführungen.

- Ostrovní 2 | Neustadt Tel. 224 901 448 www.narodni-divadlo.cz

Národní divadlo marionet [D4]

Marionettentheater mit Mozarts »Don Giovanni«, »Zauberflöte« sowie Glucks »Orpheus und Eurydike« im Repertoire.

- Žatecká 1 | Altstadt Tel. 224 819 323 www.mozart.cz

Stavovské divadlo (Ständetheater) [E4]

Hier fand 1787 die Uraufführung von Mozarts »Don Giovanni« statt.

- Ovocný trh 1 | Altstadt Tel. 224 901 448 www.narodni-divadlo.cz

Státní opera (Staatsoper) [F5]

Renommierte Spielstätte; oft Wagner- und Verdi-Opern.

- Wilsonova 4 | Neustadt Tel. 224 901 448 www.narodni-divadlo.cz

Ta Fantastika [D4]

Schwarzes Theater nach den Motiven von »Alice im Wunderland«.

- Karlova 8 | Altstadt Tel. 222 221 369 www.tafantastika.cz

Bars und Diskotheken

Bar and Books [E4]

Die in tiefes Dunkelrot getauchte Bar serviert Cocktails und feine Zigarren.

- Týnská 19 | Altstadt www.barandbooks.cz

Radost FX [F6]

Angesagte Diskothek der hier lebenden Amerikaner mit den bekanntesten DJs. Tolle Bar und kleines vegetarisches Café.

- Bělehradská 120 | Vinohrady (Prag 2) www.radostfx.cz

Tretter's Cocktail Bar [D3]

Trendige Bar mit den angesagtesten Cocktails. Sehen und gesehen werden. **50 Dinge** (19) › **S. 14.**

- V Kolkovně 3 | Altstadt www.tretters.cz

Musikklubs

Lucerna [E5]

Musikbar mit klassischer tschechischer Rockmusik: Im Lucerna machen die

Session im Reduta Jazz Club

größten Rockstars des Landes regelmäßig Station.
• Vodičkova 36 | Neustadt
www.musicbar.cz

Rock Café [D5]
Einer der ersten Rockklubs nach der Wende mit wechselndem Programm.
• Národní 20 | Neustadt
www.rockcafe.cz

Roxy [E3]
Experimentelle Disco mit Funk und Rock, Performances, indischem Tanz und anderen Events.

SEITENBLICK

Programminfos
Das zweiwöchentliche Kulturprogramm »Metropolis« liegt in Bars, Cafés und Kinos aus oder findet sich auf www.mepass.cz. Veranstaltungstipps geben auch die Wochenzeitungen »Prager Zeitung« (deutsch) und »Prague Post« (englisch). Eintrittskarten verkauft **Ticketpro** an mehreren Standorten, z. B. im Altstädter Rathaus (Tel. 234 704 234, www.ticketpro.cz).

• Dlouhá 33 | Altstadt
www.roxy.cz

Starsky & Hutch [D4]
Angesagte Mischung aus Bar, Disco und Restaurant in einem Gewölbekeller.
• Uhelný trh 2 | Altstadt
www.starskyandhutch.cz

Jazzklubs

Agharta [E4]
Gilt als einer der besten Jazzklubs Prags, veranstaltet Konzerte internationaler Spitzenkünstler.
• Železná 16 | Altstadt
www.agharta.cz

Reduta [D5]
Prominentester Gast in diesem Jazzklub war Bill Clinton, der bei seinem Staatsbesuch 1994 hier Saxophon spielte.
• Národní 20 | Neustadt
www.redutajazzclub.cz

U staré paní [D4]
Jazzklub und Restaurant im kleinen Hotel »Zur alten Dame«.
• Michalská 9 | Altstadt
www.jazzstarapani.cz

Blick vom Altstädter Ring zur Teynkirche

LAND &
LEUTE

Steckbrief

- **Fläche:** 496 km²
- **Geografische Lage:** 50° 05′ nördlicher Breite (wie Frankfurt/Main), 14° 25′ östlicher Länge (wie Berlin)
- **Einwohnerzahl:** 1,2 Mio.
- **Bevölkerung:** fast ausschließlich Tschechen, kleine jüdische Gemeinde, kleinere Gruppen Sinti und Roma
- **Bevölkerungsdichte:** 2443 Einwohner pro km²
- **Sprache:** Tschechisch
- **Verwaltungseinheiten:** Prag ist in 22 Stadtbezirke unterteilt
- **Religion:** fast 80 % ohne Bekenntnis, etwa 10 % Katholiken, daneben auch Hussiten und andere Religionsgemeinschaften
- **Landesvorwahl:** 00 420
- **Währung:** Tschechische Krone (Kč oder CZK)
- **Zeitzone:** MEZ

Lage

Von der Burgrampe, dem meistbesuchten Aussichtspunkt des Landes, hat man einen überwältigenden Blick auf den historischen Stadtkern. Innerhalb des Moldauknies liegen die Altstadt, die Josephstadt und die Neustadt, am anderen Ufer das Burgviertel und die Kleinseite. Alle fünf Stadtteile wurden 1784 zu einer Gesamtstadt zusammengefasst. Durch Eingemeindung von Vororten hat sich das Stadtgebiet auf die heutige Fläche erweitert.

18 Brücken verbinden heute die Moldauufer, die berühmteste ist die Karlsbrücke. Die acht Moldauinseln wurden gegen Ende des 18. Jhs. befestigt, seit dem 19. Jh. wird der Fluss großräumig reguliert.

Doch die Moldau hat bei der Flutkatastrophe im August 2002 gezeigt, was sie noch immer kann – Teile von Altstadt und Kleinseite sowie die Stadtteile Karlín, Holešovice und Smíchov waren überflutet, der Schaden ging in Milliardenhöhe. Als Konsequenz wurden neue mobile Spundwände angeschafft, die tatsächlich bei der nächsten »Jahrhundertflut« im Jahr 2013 die Altstadt vor dem Hochwasser schützen konnten.

Staat und Politik

Prag ist seit Beginn der Stadtgeschichte Regierungssitz der böhmischen Herrscher. Unter den Kaisern Karl IV. und Rudolf II. war es auch Zentrum des Heiligen Römischen

Reichs Deutscher Nation. 1918 wurde Prag Hauptstadt der neu entstandenen Tschechoslowakei und 1993, nach der Trennung von der Slowakei, Hauptstadt der Tschechischen Republik (ČR).

Prag ist das unbestrittene politische, wirtschaftliche und kulturelle Zentrum Tschechiens. Hier haben beide Kammern des Parlaments, die Regierung und der Staatspräsident ihren Sitz. Die Stadt Prag wird von einem Stadtparlament mit dem Primator (Bürgermeister) an der Spitze verwaltet.

Die beiden größten Parteien, die neoliberale Bürgerlich-Demokratische Partei (ODS) und die Sozialdemokraten (ČSSD) wechselten sich an der Regierung ab. Staatspräsident ist seit März 2013 der ehemalige Sozialdemokrat Miloš Zeman. Im Juni 2013 führte eine Korruptionsaffäre zum Sturz von Premierminister Petr Nečas (ODS). Nach einer Übergangsperiode führt seit 2014 Ministerpräsident Bohuslav Sobotka (ČSSD) die Regierung.

Wirtschaft

In den ersten Jahren nach 1989 lief alles besser als erwartet. Die Privatisierung ging schnell voran, die Krone wurde zu einer konvertiblen Währung, der Haushalt war ausgeglichen, die Arbeitslosigkeit Tschechiens lag bei 3,5 %. In Prag, wo sich schon immer mehr als 10 % der Industrie des Landes konzentrierten, war die Situation noch besser.

Doch bald wurden die zu schnell wachsenden Einkommen zu einem Problem. Viele Unternehmen legten ihre wachsenden Kosten auf die Preise ihrer Produkte um und verloren dadurch auf dem europäischen Markt ihren bisherigen Preisvorteil. Immer weniger wurde nun exportiert, zu viele Elektrogeräte und Lebensmittel importiert. Die Handelsbilanz verschlechterte sich rapide. Der Zusammenbruch von Banken und Versicherungsgesellschaften erschütterte das Land, Tausende verloren ihre Ersparnisse.

Der gerade während der Finanzkrise stark gestiegene Kurs der Krone gegenüber dem Euro führte zu einem erneuten Aufschwung. Die Tschechen haben nun mehr Geld zur Verfügung und sind angesichts ausbleibender amerikanischer Touristen praktisch die Einzigen, die sich teure Restaurants in Prag leisten können. Die Eurokrise geht indes auch an Tschechien nicht spurlos vorbei, die Krone wurde 2013 wieder abgewertet. Trotz der relativ geringen Staatsverschuldung wird an Einsparungen in den öffentlichen Haushalten gearbeitet.

SEITENBLICK

Tourismus

Der Boom in der Hauptstadt ist nicht zuletzt auf den rasant angewachsenen Tourismus zurückzuführen. 1993 waren 2,7 Mio. übernachtende Gäste aus dem Ausland zu verzeichnen. 2013 kamen 7,3 Mio. Reisende nach Tschechien, 19 % davon aus Deutschland. 65 % der Ausländer bereisen Prag, gefolgt von den Regionen Karlsbad (7 %), Südmähren (6 %) und Südböhmen (5 %).

Geschichte im Überblick

5./6. Jh. Westslawen siedeln im Gebiet des heutigen Prag.
850–895 Herzog Bořivoj I., der erste historisch belegte Přemyslide, einigt die tschechischen Stämme und errichtet die ersten Bauten auf dem heutigen Burgberg.
874 Bořivoj lässt sich vom Slawenapostel Methodios taufen.
10./11. Jh. Jüdische und deutsche Kaufleute lassen sich in Prag nieder.
921 Václav (Wenzel) »der Heilige« wird Herzog Böhmens.
973 Prag wird Bistum.
1231 Die Altstadt bekommt das Stadtrecht und wird befestigt.
1257 König Přemysl Otakar II. gründet auf der heutigen Kleinseite eine Stadt für deutsche Kolonisten.
1320 Gründung des Hradschin als dritte der Prager Städte nach Altstadt und Kleinseite.
1344 Prag wird Erzbistum, Baubeginn am St.-Veits-Dom.
1346–1378 Karl IV. wird böhmischer König und deutscher Kaiser; er sorgt für rege Bautätigkeit (z. B. Neustadt und Karlsuniversität 1348) und macht Prag zur Metropole des Reichs.
1357 Der Bau der Karlsbrücke wird in Angriff genommen.
1378–1419 Wenzel IV. regiert Böhmen; soziale Unruhen.
1402 Jan Hus wirkt als Prediger an der Bethlehemskapelle und fordert eine Rückbesinnung auf die ursprünglichen Glaubenssätze des Christentums.
1409 Der Kaiser ändert das Universitätsstatut zugunsten der Tschechen; deutsche Studenten und Professoren verlassen die Universität.
1415 Jan Hus wird vom Konzil in Konstanz als Ketzer zum Tod auf dem Scheiterhaufen verurteilt.
1419 Erster Prager Fenstersturz. Eine vom radikalen Prediger Jan Želivský angeführte Menschenmenge wirft Ratsherren aus dem Fenster des Neustädter Rathauses.
1420–1431 Hussitenkriege. Unter ihrem Feldherrn Jan Žižka erringen die Hussiten beachtliche Siege; ihre religiösen Forderungen werden erfüllt.
1458–1471 Der »Hussitenkönig« Jiří z Poděbrad regiert das Land.
1526 Die böhmische Krone fällt durch Erbverträge an die Habsburger. Ferdinand I. besteigt den Thron.
1541 Nach einen Großbrand werden das Burgviertel und die Kleinseite im Renaissancestil neu aufgebaut.
1556 König Ferdinand I. von Böhmen ruft die Jesuiten ins Land, um die protestantische Bewegung zu unterdrücken.
1576–1612 Unter Kaiser Rudolf II. wird Prag erneut zur Reichsmetropole. Er ruft bedeutende europäische Künstler und Wissenschaftler an seinen Hof.
1618 Der Zweite Prager Fenstersturz löst den Dreißigjährigen Krieg aus.

1621 Auf dem Altstädter Ring werden 27 protestantische Adelige hingerichtet.
1741–1742 Französische, preußische und bayerische Truppen besetzen im Zuge des Österreichischen Erbfolgekriegs die Stadt.
1781 Toleranzpatent Josephs II.; Erneuerung der Glaubensfreiheit und Auflösung der Klöster.
1784 Hradschin, Kleinseite, Josephstadt, Altstadt und Neustadt werden zu einer Verwaltungseinheit zusammengeschlossen.
1848 Slawischer Kongress und Revolution in Prag.
1882 Spaltung der Prager Universität nach Nationalitäten.
1885 Gesetz zur Assanierung (Verbesserung der Bebauung) der Judenstadt.
1918 Tomáš G. Masaryk ruft die Tschechoslowakische Republik aus; Spannungen zwischen den nationalen Gruppen des jungen Vielvölkerstaats.
1938 Münchner Abkommen. Die sudetendeutschen Gebiete fallen an Hitlerdeutschland.
1939 Deutsche Okkupation. Errichtung des »Protektorats Böhmen und Mähren«.
1945 Prager Aufstand und Ende des Zweiten Weltkriegs; Vertreibung der Sudetendeutschen.
1948 Gewaltlose Machtergreifung der Kommunistischen Partei; die Tschechoslowakei wird Volksrepublik.
1960 Das Land wird nach einer Verfassungsreform in »Tschechoslowakische Sozialistische Republik« (ČSSR) umbenannt.

Jan-Hus-Denkmal am Altstädter Ring

1968 Die politische Reformbewegung »Prager Frühling« unter Führung von Alexander Dubček wird durch den Einmarsch von Truppen des Warschauer Pakts gewaltsam unterdrückt.
1969 Der Student Jan Palach verbrennt sich aus Protest gegen die Besetzung des Landes.
1973 Unterzeichnung der Ostverträge und Wiederaufnahme der diplomatischen Beziehungen zwischen ČSSR und BRD.
1974 Bau der ersten Metrolinie.
1977 Gründung der Menschenrechtsbewegung »Charta 77«.
1989 Die »Samtene Revolution« beendet die Herrschaft der Kommunistischen Partei.

1990 Aus den ersten freien Wahlen geht das »Bürgerforum« als stärkste politische Gruppierung hervor; der Schriftsteller Václav Havel wird erster Präsident der Tschechoslowakischen Föderativen Republik (ČSFR).
1992 Tschechen und Slowaken einigen sich auf die Bildung zweier separater Staaten.
1993 Prag wird Hauptstadt der Tschechischen Republik (ČR), Václav Havel Staatspräsident.
1999 Beitritt zur NATO.
2002 Die größte Überflutung der Geschichte fügt dem historischen Zentrum schwere Schäden zu.
2003 Václav Klaus löst Václav Havel als Staatspräsident ab.
2004 Tschechien wird Mitglied der Europäischen Union.
2007 Prag feiert das 650-Jahr-Jubiläum der Karlsbrücke.
2008 Tschechien wird Mitglied des Schengen-Raums, die Personenkontrollen entfallen.
2011 Václav Havel stirbt, später wird der Prager Flughafen nach ihm benannt.
2013 Die erste Direktwahl des Präsidenten durch das Volk gewinnt Miloš Zeman. Beim großen Hochwasser kommt die Hauptstadt mit einem blauen Auge davon.
2014 Neuer Ministerpräsident wird der Sozialdemokrat Bohuslav Sobotka nach vorzeitigen Neuwahlen durch eine innenpolitische Krise.

Natur & Umwelt

Die Anstrengungen des Landes, sich in puncto Umwelt gezielt zu verbessern, zeigen inzwischen Resultate.

Laut einer internationalen Studie der Yale-Universität belegte Tschechien im Jahr 2014 bereits den 5. Rang auf der Liste des weltweit erhobenen »Environmental Performance Index«. In den Wert flossen Daten aus 25 Bereichen wie Luft- und Wassersituation, Energiepolitik etc. ein, jeweils bezogen auf die Wirtschaftskraft des Landes. Die Schweiz führt die Liste an, Deutschland folgt auf Platz 6, Österreich belegt Rang 8.

Nach dieser unabhängigen Studie konnte die umweltbelastende Vergangenheit angesichts hoher CO_2- und Treibhausgas-Emissionen, steigenden Verkehrsbelastungen und einem schlechtem Zustand der Wälder im Erz- und Riesengebirge endlich eingeschränkt werden. Auf den ersten Blick trügt der Schein der blanken Zahlen jedoch, denn noch immer bleibt die durch Industrieabgase und Autoverkehr belastete Luft häufig im Prager Moldaukessel sichtbar hängen. Dank modernisierter Heizungen hat sich die Situation in den vergangenen Jahren jedoch wieder verbessert, und auch die Einführung neuer Umweltgesetze zeigt erste Ergebnisse. Da die Industrie noch immer einen zu hohen Energieverbrauch aufweist, sind noch weitere

SPECIAL

Grüne Oasen

In Anbetracht des innerstädtischen Häusermeeres will man kaum glauben, dass fast die Hälfte des Stadtgebiets von Grünflächen bedeckt ist.

Laurenziberg [B5]

Drei große Parkanlagen auf der linken Moldauseite bieten sich für ausgedehnte Spaziergänge an. Da ist zunächst der 318 m hohe Laurenziberg (Petřín), auf den man am besten mit der Standseilbahn von der Straße Újezd auf der Kleinseite gelangt. **50 Dinge** ② › **S. 12.**

Hinter der von Karl IV. errichteten Hungermauer schließt sich südlich der Kinský-Garten an. An der Nordseite geht der Park in den zur Deutschen Botschaft gehörenden (nicht zugänglichen) Lobkowitz-Garten über, in dem 1989 mehr als 4000 DDR-Flüchtlinge Zuflucht fanden. Durch den Strahov-Park gelangt man zum gleichnamigen Kloster. Hauptanziehungspunkt der barocken Anlage sind heute die beiden Bibliothekssäle › **S. 119.**

Letná-Park [D2/3]

Der weitläufige Letná-Park liegt auf einem hohen Plateau über der Moldau gegenüber der Altstadt. Hat man die vielen Stufen erklommen, bietet sich ein herrlicher Rundblick. Oben tickt ein riesiges Metronom, das an den Lauf der Zeit gemahnen soll. Der Hanauer Pavillon (Hanavský Pavilon), ein Prunkstück des Jugendstils, birgt ein Restaurant mit schöner Aussichtsterrasse › **S. 34.**

Der Baumgarten [D/E1]

Der Baumgarten (Stromovka) liegt nördlich des Letná-Parks an der Moldauschleife. Rudolf II. ließ hier ein Lustschloss erbauen. Südöstlich schließt sich das 1891 errichtete Ausstellungsgelände (Výstaviště) an, das in den 1950er-Jahren zum Erholungsgebiet umgestaltet wurde.

Im Frühling blühen in den Prager Parks die Bäume

entscheidende Verbesserungen für eine nachhaltige Umweltpolitik notwendig. Neben den modernisierten Kohlekraftwerken liefert auch das südböhmische Kernkraftwerk Temelín aus zwei separat arbeitenden Blöcken den notwendigen Strom. Das allgemeine Bewusstsein für erneuerbare Energien ist längst noch nicht ausgeprägt.

Die Menschen

Gegründet wurde die Stadt von slawischen Siedlern, und bis heute machen die Tschechen als Abkömmlinge westslawischer Stämme den weitaus größten Teil der Bevölkerung aus.

Im Mittelalter riefen die Herrscher deutsche Kolonisten ins Land, die unbesiedelte Landstriche urbar machten und Städte gründeten. Als Prag im 14. Jh. unter Karl IV. mit über 40 000 Einwohnern zur größten Stadt Mitteleuropas heranwuchs, avancierte die deutsche Minderheit zu einer einflussreichen Bevölkerungsgruppe.

Kulturell und wirtschaftlich bedeutend war zu dieser Zeit auch die jüdische Minderheit, deren Angehörige sich allerdings nur innerhalb der sogenannten Judenstadt niederlassen durften.

In den folgenden Jahrhunderten durchlebte die deutsche Bevölkerung ein wechselvolles Schicksal: Durch die Hussitenkriege wurde sie bis auf einen verschwindend kleinen Rest dezimiert – ein Aderlass, von dem sie sich erst unter den Habsburgern wieder erholte. Als nach dem Dreißigjährigen Krieg der Regierungssitz endgültig nach Wien verlegt wurde, verlor Prag seine traditionelle Bedeutung. Deutsch wurde offizielle Verwaltungssprache, das Tschechische verkam zum Bauern- und Dienstbotendialekt.

Das erwachende Nationalbewusstsein Mitte des 19. Jhs. führte bei den Tschechen zu einer Rückbesinnung auf die eigenen kulturellen und sprachlichen Wurzeln. Mit der industriellen Revolution, die die verarmte Landbevölkerung in Massen in die Städte trieb und der Landeshauptstadt zu einem sprunghaften Wachstum verhalf, verloren die Deutschen wieder merklich an Einfluss. Lag ihr Anteil gegen Ende des 19. Jhs. gerade noch bei 5 %, verschwand dieser Rest mit der Vertreibung der Sudetendeutschen nach dem Zweiten Weltkrieg.

Inzwischen zählen deutsche Unternehmen zu den bedeutenden Investoren in Tschechien. Seit Mitte der 1990er-Jahre haben sich viele Amerikaner in Prag niedergelassen und sorgen für eine Art Prager US-Lifestyle. Auch die jüdische Bevölkerung, die von den Nationalsozialisten nahezu ausgerottet worden war, erfährt in jüngster Zeit eine Wiederbelebung durch Zuzüge aus dem Ausland.

Sprachen in Prag

Tschechisch ist eine slawische Sprache in lateinischer Schrift und mit dem Slowakischen verwandt. Von den Touristen wird die Kenntnis der lokalen Sprache nicht erwartet, doch allein die Einübung einiger Redewendungen öffnet häufig Tür und Tor.

Englisch ist in Prag die vorherrschende touristische Sprache. Die meisten Ausschilderungen sind sowohl in Tschechisch als auch in Englisch beschriftet, neuerdings teilweise auch auf Russisch.

Nur noch selten wird Deutsch für Aufschriften oder etwa in Museen verwendet. In Prag sprechen eher die älteren Bewohner noch Deutsch mit böhmischem Akzent, der wegen der Umgehung der deutschen Umlaute recht hart klingt.

Kunst & Kultur

In mehr als 1000 Jahren haben Bildhauer und Architekten, Maler und Literaten, Musiker und Wissenschaftler unvergängliche Werke geschaffen.

Als einzigartiges architektonisches Ensemble vereinigt Prag alle kunstgeschichtlichen Stilepochen von der Romanik bis zur Moderne – deshalb steht das Zentrum auf der Liste des UNESCO-Weltkulturerbes.

Zur Baugeschichte Prags

Vor- und frühgeschichtliche Funde belegen, dass das Gebiet des heutigen Prag bereits während der Steinzeit besiedelt wurde. Ins Licht der Geschichte tritt dieser Raum aber erst mit der Ankunft der slawischen Stämme, die

Die Häuser des Goldenen Gässchens an der Burgmauer entstanden im 16. Jh.

sich hier im 4. und 5. Jh. n. Chr. niederließen. 300 Jahre später begründeten sie mit der Besiedlung auf dem Burgberg das heutige Prag.

Die ersten Fürsten aus dem Geschlecht der Přemysliden errichteten dort eine hölzerne Burg und setzten damit das Startsignal für eine fast 1000-jährige Baugeschichte, in deren Verlauf die Prager Burg ihr heutiges Gesicht erhielt. Der Vyšehrad, die Festung auf dem gegenüberliegenden Moldauufer, wurde im Lauf des 10. Jhs. angelegt und löste für einige Zeit die Prager Burg als Herrschersitz ab. Zwischen diesen beiden Burgen entwickelte sich die Stadt.

! Erstklassig

Gratis entdecken

- Kostenlosen Eintritt gibt es am Wochenende in den historischen Teil des **Waldstein-Palais** auf der Kleinseite, in dem sonst der Senat tagt. In den Garten kommt man jederzeit eintrittsfrei. › **S. 97**
- Das Areal der **Prager Burg** erfordert keinen Eintritt, tagsüber kommt man kostenlos in den neogotischen Teil des St.-Veits-Doms. Das Goldene Gässchen ist dagegen am Abend gratis – und endlich leer. › **S. 106**
- Am Altstädter Rathaus beginnen viele **geführte Spaziergänge** durch das Zentrum. Bei der »Free Walking Tour« zahlt man zunächst gar nichts, am Ende schließlich nach eigenem Ermessen (www.newpraguetours.com).
- Im einstigen Tresor der **Nationalbank** wird die Ausstellung »People & Money« gratis gezeigt (Di–Fr 9, 11, 13.30, Do auch 16 Uhr, Na Příkopě 28, Reservierung erforderlich unter Tel. 224 412 626 oder 224 412 350, www.cnb.cz) [E4].

Das romanische Prag

Von den romanischen Bauten blieben nur wenige erhalten, darunter die St.-Georgs-Basilika der Burg, in der sogar noch vorromanische Elemente des frühen 10. Jhs. zu erkennen sind. Eine Besonderheit sind die vier noch gut erhaltenen romanischen Rotunden. Bei der Sanierung der Altstadt zu Beginn des 20. Jhs. entdeckte man zahlreiche romanische Kellergewölbe, auf denen in späteren Stilepochen Gebäude errichtet wurden – das gilt auch für den St.-Veits-Dom.

Das gotische Prag

Die heutige Altstadt war ursprünglich durch eine Mauer und 13 Türme befestigt. Im 13. Jh. errichteten bayerische Kolonisten innerhalb der Stadtmauern die sogenannte Gallusstadt, von deren ursprünglichem Aussehen man sich in der Gallusgasse (Havelská) einen Eindruck verschaffen kann.

Die wohlhabende jüdische Gemeinde demonstrierte ihr wachsendes Selbstbewusstsein mit dem Bau der Altneusynagoge.

Die Kleinseite als Stadt wurde im Jahr 1257 von Siedlern aus Norddeutschland gegründet. Sie grup-

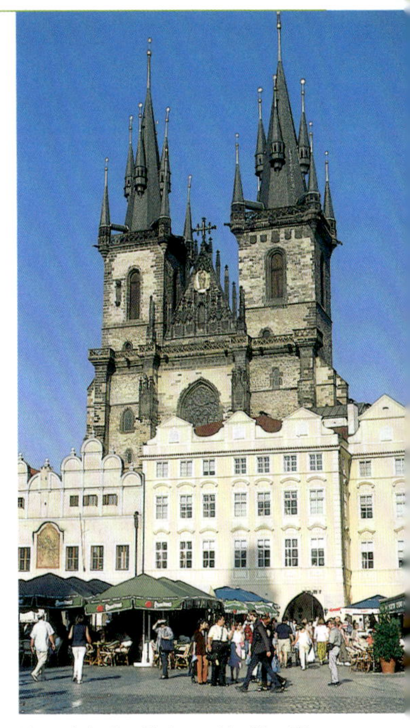
Die gotische Teynkirche am Altstädter Ring stammt aus dem 14./15. Jh.

piert sich um den rechteckigen Kleinseitner Ring, den der damals noch gotische St.-Nikolaus-Dom in der Platzmitte dominiert. Die Kirche wurde später – wie das gesamte Viertel – barockisiert.

Einen großen Entwicklungsschub erfuhr die Stadt unter Karl IV. (König von Böhmen 1346–1378, Kaiser seit 1355). Er erweiterte das Stadtbild um die Neustadt, gründete 1348 mit der Karlsuniversität (Karolinum) die erste wissenschaftliche Hochschule diesseits der Alpen und ließ das Bistum Prag zum Erzbistum erheben. Aus diesem Anlass legte er auch den Grundstein für den St.-Veits-Dom.

Renaissancearchitektur in Prag

Ihren endgültigen Einzug hielt die Renaissance 1526 mit dem Machtantritt des Habsburgers Ferdinand I., der u. a. das königliche Lustschloss Belvedere erbauen ließ. Sein Beispiel machte bei vielen Adeligen Schule, die nun ihrerseits Prachtbauten wie das Palais Schwarzenberg errichteten. Eine große Feuersbrunst, die 1541 Burg und Kleinseite erfasste, nutzte Ferdinand zu einem umfassenden Umbau der zerstörten Stadtteile im Stil der Renaissance.

In den Schatten gestellt wurde er von seinem Enkel Rudolf II., der Prag erneut zur Metropole des Reichs machte. Der kaiserliche Mäzen richtete sein Interesse aber weniger auf eine ausgiebige Bautätigkeit als auf die Förderung der darstellenden Künste.

Prag und das Barock

Die grandiose Barockarchitektur der Stadt ist weitgehend der Prunksucht des nach dem Dreißigjährigen Krieg reich gewordenen Adels zu verdanken, der ganze Straßenzüge durch prächtige Barockpaläste ersetzen ließ. Als erste barocke Schlossanlage entstand Ende des 17. Jhs. Troja › **S. 140** mit seinem den Sieg über die Türken verherrlichenden Kaisersaal.

Dem wollten die geistlichen Orden nicht nachstehen. Ihre Klöster ähnelten Herrscherpalästen, und grandiose Kirchenbauten kündeten vom Sieg

Prag hat sich zahlreiche prachtvolle Jugendstilfassaden bewahrt

der Gegenreformation. In Prag wirkten geniale Baumeister: Christoph Dientzenhofer und sein Sohn Kilian Ignaz, Johann Bernhard Fischer von Erlach sowie die großen Maler und Bildhauer Karel Škréta, Ferdinand Maximilian Brokoff und Matthias Bernhard.

Vom 19. ins 21. Jahrhundert

Die bürgerliche Kultur ging mit der nationalen Wiederbesinnung einher und äußerte sich vornehmlich in den Bereichen Musik und Literatur. Architektonisch schlug sich das neue Nationalbewusstsein in monumentalen Bauten wie dem Nationalmuseum oder dem Nationaltheater nieder.

Als letzter universeller Stil prägte der Jugendstil das Gesicht der Stadt und brachte viele bedeutende Bauwerke hervor. Einmalig in der Architektur Europas war der Kubismus; 1910–1925 entstanden mehr als 25 Wohnhäuser dieses Stils, vor allem am Moldauufer. Seit 1990 werden in allen Stadtteilen avantgardistische Bürohäuser gebaut. Weltbekannt ist das 1996 errichtete Tanzende Haus › **S. 133** am Moldauufer.

Musik- und Theaterstadt Prag

Prag ist Musik! Die Stadt besitzt drei Opernhäuser von Weltrang, rund zwei Dutzend öffentliche Museen und unzählige Theater und Galerien. Unbestrittener Höhepunkt für Klassikfans ist das Musikfestival »Prager Frühling« (Pražské jaro, www.festival.cz). Zweiter großer Veranstaltungsort nach dem Smetana-Saal im Gemeindehaus ist der Dvořák-Saal des Rudolfinums mit seiner ausgezeichneten Akustik.

Das tschechische Theater war immer politisch: In Zeiten politischer Entmündigung verstand es, »beredt zu schweigen«, und sein Publikum konnte

»zwischen den Zeilen hören«. In der Wendezeit, also in den Jahren vor 1989, wurde die Bühne dann direkt zum politischen Agitationsraum, in dem zur Diskussion über die Zustände im Land aufgerufen wurde.

Politisch war schon das Jesuitentheater gewesen, mit dem Mitte des 16. Jhs. im Clementinum die Rekatholisierung des Landes eingeläutet wurde. Im 1783 erbauten »Ständetheater« herrschte Deutsch als Bühnensprache vor, weshalb die Tschechen auf eine eigene Spielstätte drängten – ein Schritt nationaler Emanzipation, der schließlich 1868 in der Grundsteinlegung für ein eigenes Nationaltheater gipfelte. 1888 wurde mit dem »Neuen Deutschen Theater«, der heutigen »Staatsoper« (Státní opera), die dritte große Prager Bühne eröffnet.

Später ließen Hitlerokkupation, Zweiter Weltkrieg und Stalinismus das blühende tschechische Bühnenleben zu einem konservativen Repertoiretheater verkommen. Erst in den 1960er-Jahren erwachte das Theater aus seiner Lethargie, es entstand eine ganze Reihe neuer Bühnen wie das »Theater am Geländer« (Divadlo na zábradlí), an dem Václav Havel seine ersten dramaturgischen Gehversuche machte. Namen wie »Laterna magika«, mit dem sich ein multimediales Bühnenspektakel verbindet, oder »Schwarzes Theater«, ein aus der Pantomime entwickeltes Spiel mit Lichteffekten vor einem schwarzen Hintergrund, wurden inzwischen zum internationalen Qualitätsbegriff.

Während nach der Revolution die großen Häuser – nicht zuletzt durch die Hilfe ausländischer Sponsoren – schnell wieder auf die Beine kamen, tat

Straßenmusik begleitet den Weg zur Prager Burg

sich das kritische Experimentiertheater zunächst schwer. Viele Ensembles setzen heute auf das ausländische Publikum und bringen Inszenierungen in Englisch, Deutsch oder Italienisch.

Literarisches Prag

Franz Kafka, Rainer Maria Rilke, Franz Werfel, Egon Erwin Kisch - diese berühmten Prager Verfasser deutschsprachiger Literatur sind längst in die Lehrpläne deutscher Schulen eingegangen. Wir beschränken uns hier aus Platzgründen auf die wichtigsten Schriftsteller tschechischer Sprache des ausgehenden 19. und des 20. Jhs. Alle genannten Werke liegen in deutscher Übersetzung vor und werden hier nur mit ihren deutschen Titeln genannt.

Liebenswerte Skizzen aus dem Prager Leben beschreibt Jan Neruda in seinen »Kleinseitner Geschichten«. Auch als Oper von Leoš Janáček bekannt geworden ist »Die Sache Makropoulos« von Karel Čapek, von dem auch das Drama »RUR« (Rossum's Universal Robots) stammt. Weltberühmt

SEITENBLICK

Kafkas Prag

Franz Kafka (1883–1924) ist unbestritten der größte (wenn auch nicht einzige) Vertreter der Prager deutschen Literatur. Der Schriftsteller liebte und hasste die Stadt zugleich. In einem Brief an seinen engsten Jugendfreund Oskar Pollak heißt es: »Prag lässt nicht los. Dieses Mütterchen hat Krallen. Da muss man sich fügen oder … An zwei Seiten müssten wir es anzünden, am Vyšehrad und am Hradschin, dann wäre es möglich, dass wir loskommen.«

Kafka ist häufig umgezogen. Sein Geburtshaus am Altstädter Ring, gleich neben der St.-Nikolaus-Kirche (Náměstí Franze Kafky 3), wurde längst ersetzt, das kleine Museum im Erdgeschoss erst nach der Wende eingerichtet. Im Palais Goltz-Kinský an der Ostseite des Rings betrieb sein Vater einen Kurzwarenhandel, und hier befand sich das deutsche Gymnasium, das Kafka von 1893 bis 1901 besuchte. Im Haus »Zur Minute«, dem linken äußeren Teil des Rathauses, verbrachte er seine Kindheit. Sein erstes eigenes Zimmer – mit Blick auf die Teynkirche – bekam er im Haus »Zu den drei Königen« in der Zeltnergasse (Celetná 3). 1916 bewohnte er das kleine blaue Häuschen mit der Nr. 22 im Goldenen Gässchen im nordöstlichen Bereich der Burganlage, das seiner Schwester Ottla gehörte. Ab 1917 wohnte er im Schönborn-Palais (die heutige amerikanische Botschaft), wo seine tödliche Lungentuberkulose erstmals zum Ausbruch kam. Kafka ist auf dem Neuen Jüdischen Friedhof in Strašnice (Prag 10) begraben.

Franz Kafka, den das sozialistische Regime am liebsten totgeschwiegen hätte, geistert heute als Pop-Ikone durch das Prager Straßenbild – T-Shirts und Bierkrüge tragen sein Konterfei, sein Name leuchtet von den Plakatwänden. So paradox – oder kafkaesk – es klingen mag: Dieser Dichter, den zu Lebzeiten kaum einer kannte, ist heute in Prag allgegenwärtig.

ist die Titelfigur aus Jaroslav Hašeks satirischem Roman »Die Abenteuer des braven Soldaten Schwejk«. Diese Autoren begründeten im späten 19. und frühen 20. Jh. den Ruhm Prags als blühende Literaturstadt.

Prag ist auch Heimat vieler Schriftsteller, die v.a. seit den 1970er-Jahren den Widerstand ihres Volks gegen ideologische Vereinnahmung und nationale Entmündigung verkörperten.

Den Sammelpunkt der intellektuellen Opposition bildete die Bürgerrechtsbewegung »Charta 77«. Zu ihren Initiatoren gehörte der Dramatiker und spätere Staatspräsident Václav Havel. Viele Sympathisanten der Bewegung erhielten Berufsverbot, nicht wenige – darunter der Dichter und Romancier Milan Kundera (»Die unerträgliche Leichtigkeit des Seins«) und der Dramatiker Pavel Kohout – emigrierten oder wurden ausgewiesen. Jaroslav Seifert, Literaturnobelpreisträger von 1984, durfte seine späte Lyrik nicht mehr veröffentlichen – dennoch kursierte sie im Land. Zensiert wurde auch Bohumil Hrabal, in dessen Werk die humoristische Erzähltradition Jaroslav Hašeks weiterlebt.

Kafka-Denkmal an der Straße Dušni

Nach 1989 konnte sich von den jungen Autoren u.a. Jáchym Topol einen Namen machen, sein Roman »Engel Exit« wurde auch verfilmt. Verkaufsschlager sind seit Mitte der 1990er-Jahre Michal Vieweghs Bücher »Blendende Jahre für Hunde« und »Erziehung von Mädchen in Böhmen«. Erfolgreich ist auch Miloš Urban mit seinen spannenden Prager Architekturromanen »Die Rache der Baumeister« und »Im Schatten der Kathedrale«.

Die Nationalgalerie

Die tschechische Nationalgalerie umfasst diverse Sammlungen, die aus Platzmangel an verschiedenen Standorten in der Stadt untergebracht sind. Langfristig wird allerdings versucht, die Sammlungen auf mehrere Gebäude auf dem Burgberg zu verteilen.

Das **Palais Schwarzenberg** (Burgviertel, Hradčanské náměstí 2) › **S. 121** beherbergt die permanente Ausstellung »Barock in Böhmen«. Europäische Kunst italienischer, niederländischer und deutscher Meister aus dem 14. bis 18. Jh. ist gegenüber im **Palais Sternberg** (Nr. 15) › **S. 122** zu sehen. Die

Filmkulisse vor dem Rudolfinum

Kunstschätze umfassen hochrangige Gemälde von Tiepolo, Rubens, Holbein d. Ä., Cranach d. Ä. und Dürer (z. B. das »Rosenkranzfest«). Wechselausstellungen zeigt das **Palais Salm** (Nr. 1).

Mittelalterliche Kunst von 1200 bis 1550 ist im **Agneskloster** (Anežská 12, Altstadt) ausgestellt. Im **Palais Goltz-Kinský** am Altstädter Ring (Staroměstské náměstí 12) › **S. 76** gibt es seit 2011 eine Dauerausstellung über die Kunst der Antike und des Orients. Das bisherige Museum für Kubismus im **Haus zur Schwarzen Mutter Gottes** (Ovocný trh 19, Altstadt) › **S. 75** wurde 2012 geschlossen. Der **Veletržní palác** schließlich deckt das 20. und 21. Jh. ab (Dukelských hrdinů 47, Holešovice) .

Alle Sammlungen sind täglich außer Montag von 10–18 Uhr geöffnet (www.ngprague.cz).

Drehort Prag

Prag gilt schon lange als wichtige europäische Filmmetropole. Bereits in den 1930er-Jahren gründete der Großvater des ehemaligen Präsidenten Václav Havel die Barrandov-Studios, die rasch internationalen Ruf erlangten. Berühmt wurden zunächst vor allem tschechische Märchenfilme wie »Drei Nüsse für Aschenbrödel«, großartige Trickfilme und die Fernsehserien »Pan Tau« und »Das Krankenhaus am Rande der Stadt«. Durch eine neue Welle von Filmemachern wie Miloš Forman und Jiří Menzel zog das einheimische Filmschaffen wieder Aufmerksamkeit auf sich. Forman kehrte für seinen Welterfolg »Amadeus« 1983 sogar vorübergehend nach Prag zurück. In der Zeit nach der Revolution waren es zunächst Dokumentarfilme, die internationales Aufsehen erregten. Und endlich wurden auch wieder erfolgreiche Spielfilme produziert. So gewann der anrührende Streifen »Kolja« von Regisseur Jan Svěrák 1997 einen Oscar als bester ausländischer Film.

Das Label »Hollywood in Prag« geisterte vor allem nach der Jahrtausendwende durch die Medien, als Amerikaner dank günstiger Kosten und exzellenter Fachkräfte immer häufiger in Prag produzierten.

Die Liste der Blockbuster reicht inzwischen von »Brothers Grimm« über »Mission: Impossible«, »Oliver Twist«, »Die Liga der außergewöhnlichen Gentlemen«, »Die Bourne Identität«, »Prinz Kaspian« aus den Chroniken von Narnia und »From Hell« bis zu »xXx«. Mit dem James-Bond-Streifen »Casino Royale« wurde 2006 ein Höhepunkt erreicht, dem seither nur kleinere Filme folgten.

Feste & Veranstaltungen

Prag hat eigentlich das ganze Jahr über Saison. Man weiß, was man seinen zahlreichen Besuchern schuldig ist. Auch in der touristischen Nebensaison gibt es reichlich Gelegenheit für Kunstgenuss oder Unterhaltung der verschiedensten Art – nur dass dann die Prager mehr unter sich sind.

Festkalender

Februar: Großer **Opernball** in der Staatsoper.

März: **Matthias-Kirmes** auf dem Ausstellungsgelände. **Febiofest:** internationales Filmfestival in Prag.

April: **Osterfestival für Kammermusik** im Agneskloster. **Großer Frühlingspreis** auf der Galopprennbahn in Prag-Chuchle.

Mai: **Prager Frühling:** Das Kulturereignis des Jahres mit internationalen Spitzenorchestern und -solisten. **Prague Food Festival:** Gourmetrestaurants präsentieren kulinarische Happen auf dem Gelände der Prager Burg.

Juni: **United Islands:** das größte Openair-Musikfestival auf der Schützeninsel und anderen Moldauinseln.

Juli: **Folklore Days:** internationale Folklore-Veranstaltungen und Openair-Aufführungen. **Prager Kultursommer** mit vielen Theater- und Konzertaufführungen.

August: **Škoda Czech Open:** ATP-Tennisturnier. **Prager Jahrmarkt:** Folklorefestival mit Theater und Kunstwerken an verschiedenen Standorten in der Stadt.

September: **Dvořák's Prague:** internationales Musikfestival zu Ehren des großen Komponisten. **Großer Herbstpreis** auf der Galopprennbahn in Prag-Chuchle.

Oktober: **Grand Steeplechase Pardubice** (Velká Pardubická). Das schwierigste Hindernis-Pferderennen Europas in Pardubice (ca. 100 km östlich von Prag). **Internationales Jazzfestival** in allen Jazzlokalen der Stadt.

November: **Theaterfestival der deutschen Sprache:** Highlight auf mehreren Bühnen der Stadt.

Dezember: **Weihnachtsmärkte** werden auf dem Altstädter Ring, dem Wenzelsplatz und am Náměstí Míru (Vinohrady) abgehalten.

Die Kleinseitner Brückentürme von der Karlsbrücke aus gesehen

TOP-TOUREN & SEHENS-WERTES

DIE ALTSTADT

Kleine Inspiration

- **Kaffeepause machen** im prächtigen Café des Gemeindehauses › S. 70
- **Den Lauf der Apostel** an der Astronomischen Uhr betrachten › S. 73
- **Abends in den mittelalterlichen Gassen** um den Bethlehemsplatz spazieren › S. 79
- **Das Grabmal des Rabbi Löw** auf dem Alten Jüdischen Friedhof besuchen › S. 92

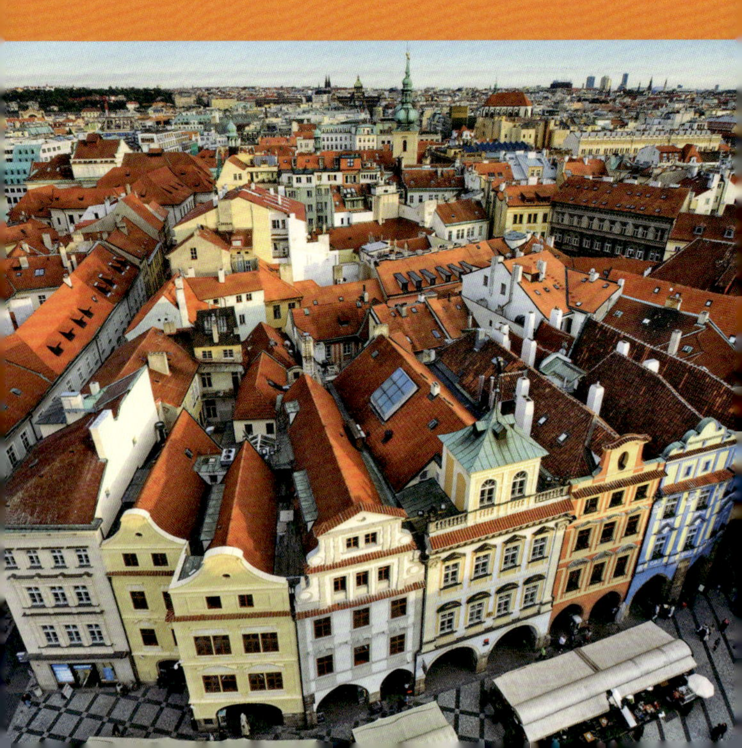

Ein buntes Ensemble von Häusern aus den verschiedensten Stilepochen und das interessante Jüdische Viertel laden zur Entdeckung der Prager Altstadt zu Fuß ein.

Die Altstadt ist zweifelsohne das Herz der Moldaumetropole. Bereits vor 1000 Jahren entstand das Gebiet um den heutigen Altstädter Ring, das der Reisende Ibrahim Ibn Jacob schon im 10. Jh. erwähnte. Heute präsentiert sich die Altstadt als buntes Ensemble von Häusern verschiedenster Stilepochen, von der Gotik über Renaissance und Barock bis zum Jugendstil. Wer sich in den Gassen treiben lässt, ist angesichts der vielen Geschäfte, Lokale, kleinen Innenhöfe und herrlichen Fassaden immer aufs Neue verblüfft.

Die Altstadt wird im Westen durch die Moldau begrenzt, im Süden und Osten grenzt sie mit Nationalstraße (Národní), Am Graben (Na Příkopě) und Revoluční an die Neustadt. Nördlich der Altstadt liegt die Josephstadt (Josefov), das einstige jüdische Ghetto. Wichtigste Plätze in der Altstadt sind der beeindruckende Altstädter Ring (Staroměstské náměstí) mit dem benachbarten Kleinen Ring (Malé náměstí), der ruhigere Teynhof (Týn) und der etwas versteckt gelegene Bethlehemsplatz (Betlémské náměstí). Von der Neustadt in die Altstadt führt die Melantrichova, die genau vor dem Altstädter Rathaus in den Altstädter Ring mündet.

Die roten Dächer der Häuser am Altstädter Ring sind typisch für Prag

Die Altstadt erkundet man am besten auf Schusters Rappen. Dabei lohnt sich der Blick nach unten, denn das urige Kopfsteinpflaster der Gassen wirkt wie ein Mosaik, das mit seinen verschiedenen Farben und Mustern eine Sehenswürdigkeit für sich darstellt.

Auch der Blick nach oben lohnt sich, denn die Straßenbeleuchtung wurde vor einigen Jahren wieder auf Gas umgestellt. Das Licht der Gaslaternen lässt die Atmosphäre der alten Erzählungen von Gustav Meyrink oder Egon Erwin Kisch erneut aufleben. Sogar einen Lampenanzünder, der täglich seine Runde geht, hat die Stadt wieder eingestellt.

In den Gassen der Altstadt und besonders am Altstädter Ring ist immer etwas los, das Treiben auf den Plätzen steckt an, und bei gutem Wetter werden in den Restaurants schnell die Tische hinausgestellt. Freilich ist ein Bier draußen auf dem Altstädter Ring teurer als drinnen. Die Geschäfte sind in der Regel bis spät abends und oft auch am Wochenende geöffnet. Bei der Wahl eines Restaurants lohnt sich der Weg in die Nebengassen, um unangenehme Überraschungen bei der Rechnung zu vermeiden.

Die Sehenswürdigkeiten sind in der Regel täglich außer Montag geöffnet, im jüdischen Viertel ist samstags alles geschlossen.

Touren in der Altstadt

Altstadt-Spaziergang

Verlauf: Gemeindehaus › Zeltnergasse › Altstädter Ring › Karolinum › Gallusmarkt › Bethlehemsplatz › Mariannenplatz › Klementinum › Karlsgasse › Karlsbrücke › Rudolfinum

Karte: Seite 78
Dauer: 4–5 Std. zu Fuß
Praktische Hinweise:

- Idealerweise am Vormittag, weil die Gassen dann noch nicht überfüllt sind. Ausgangs- und Endpunkt sind bequem mit der Metro erreichbar (Ⓜ Nám. Republiky bzw. Ⓜ Staroměstská).
- Bei gutem Timing sollte man den Altstädter Ring kurz vor der vollen Stunde erreichen, um das Vorbeiziehen der Apostel an der Astronomischen Uhr am Altstädter Rathaus zu erleben.

Tour-Start:

Der Spaziergang durch die Altstadt folgt teilweise dem sogenannten Krönungsweg, den die böhmischen Könige anlässlich ihrer Krönung absolvierten.

Gemeindehaus 1 ★ [E4]

Das wohl schönste Jugendstilgebäude Prags erhebt sich an der Stelle des alten Palastes, in dem die böhmischen Könige von 1383 bis 1484 residierten. Zwischen 1906 und 1911 wurde das »Repräsentationshaus der Gemeinde Prag« – in der Regel kurz Gemeindehaus (Obecní dům) genannt – von zwei der bekanntesten Architekten der damaligen Zeit, Osvald Polívka und Antonín Balšánek, erbaut.

Die Errichtung des Gemeindehauses entsprach dem gesteigerten Bedürfnis der Prager Bürger nach kulturellem Engagement und weltstädtischer Repräsentation in der dank des industriellen Aufschwungs rasch gewachsenen und reich gewordenen Stadt. Zur Mitarbeit waren mehr als drei Dutzend Architekten, Maler und Bildhauer von Rang und Namen aufgerufen.

Mittelpunkt des auf auf einer Fläche von 4200 m^2 errichteten symmetrischen, rhombusförmigen Baukörpers ist der **Smetana-Saal** im ersten Stock. Hier rief Tomáš G. Masaryk im Jahr 1918 die sogenannten Erste Republik aus, und hier wird jedes Jahr am 12. Mai mit der Aufführung von Smetanas sinfonischer Dichtung »Mein Vaterland« das Musikfestival »Prager Frühling« eröffnet.

Das Erdgeschoss wird von einem prächtigen **Jugendstilcafé** mit beeindruckendem Tortenbuffet (Tel. 222 002 763, €€) und einem stilvollen französischen Restaurant eingenommen, das Untergeschoss von einer **amerikanischen Bar** und einer Bierhalle. **50 Dinge** ㉓ › **S. 14**. Daneben gibt es verschiedene Gesell-

Der prachtvolle Jugendstilbau des Gemeindehauses, links daneben der Pulverturm

schaftsräume, Salons und im Dachgeschoss einen Ausstellungssaal.

Das große Mosaik zum Thema »Huldigung an Prag« über dem Portal schuf Karel Špillar, die Leuchten tragenden Atlanten auf den Balkonen Karel Novák. Ein besonderer Blickfang ist der von Alfons Mucha gestaltete **Bürgermeistersaal** in der ersten Etage mit großformatigen Allegorien nationaler Themen.

Pulverturm 2 [E4]

Wo sich einst eines der 13 mittelalterlichen Tore der Stadtbefestigung erhob, ließ Vladislav II. anlässlich seiner Krönung Ende des 15. Jhs. einen neuen Turm errichten – zur Zierde seines Hofes gleich nebenan. Vorbild für den Bau war der berühmte Altstädter Brückenturm Peter Parlers.

Das Ergebnis jedoch fiel eher bescheiden aus: Die Baumeister Benedikt Ried und Matthias Rejsek mühten sich redlich, aber die Blütezeit der Gotik war vorbei. Ohnehin verlegte der König seinen Herrschersitz zurück auf den Burgberg, und in dem mit spätgotischem Zierwerk und Statuen böhmischer Könige geschmückten Turm wurde Schießpulver gelagert. Seither wird er Pulverturm genannt. Erst im 19. Jh. erhielt er seinen charakteristischen Spitzturm durch Josef Mocker.

Der Turm markierte die Grenze zwischen den beiden einst selbstständigen Prager Städten. Die Galerie ermöglicht einen wunderbaren Blick auf Altstadt und Neustadt (April–Sept. tgl. 10–22 Uhr, März, Okt. bis 20, Nov.–Febr. bis 18 Uhr).
50 Dinge (8) › S. 13.

Das Schmuckstück des Altstädter Rathauses ist die Astronomische Uhr

Zeltnergasse 3 [E4]

Kurz hinter dem Pulverturm beginnt in der Zeltnergasse (Celetná) die Altstädter Fußgängerzone. Hier finden sich mondäne Boutiquen, uralte Weinstuben und unzählige Läden mit den landestypischen Glas- und Keramikwaren.

Besonderen Glanz verleihen der Gasse die barocken Häuser. Romanische und gotische Fenstereinfassungen und Türrahmen weisen jedoch darauf hin, dass dieser Teil Prags schon im 10. Jh. bewohnt war. Hier lebten Handwerker und Kaufleute. Da in jener Zeit die Moldau oft über die Ufer trat, ließen die Bewohner das Gelände schließlich aufschütten. Romanische Kellergewölbe wie z. B. in der Weinstube **Zur Spinne** (U pavouka, Nr. 17) blieben dadurch erhalten.

Altstädter Ring 4 ★2 [D/E4]

Die Zeltnergasse mündet in den schönsten Platz der ganzen Stadt: den Altstädter Ring (Staroměstské náměstí).

Hier nicht beeindruckt zu sein, ist wohl unmöglich. Wie vielfältig sind die Fassaden, wie bunt das Treiben! Vor mittelalterlichen Bürgerhäusern werden Münzen geprägt und Jazz gespielt. Regelmäßig gibt es hier einen Jahrmarkt, fast das ganze Jahr hindurch kann man im Freien ein Pilsner Urquell oder Budweiser trinken.

Auch historisch war der Ring das wichtigste Zentrum der Stadt, ja des ganzen Landes. 1422 wurde hier der Anführer der Hussiten, Jan Želivský, hingerichtet. Knapp 200 Jahre später, am 21. Juni 1621, erlitten die 27 böhmischen Herren, die mit dem Zweiten Prager Fenstersturz den Dreißigjährigen Krieg ausgelöst hatten (› **S. 115**, Seitenblick »Prager Fensterstürze«), das gleiche Schicksal. In das Pflaster vor dem Rathaus eingefügte Kreuze erinnern bis heute daran.

Auf dem Platz wurde gefeiert und getrauert. Der Hussitenkönig Jiří z Poděbrad, der letzte Einheimische auf dem böhmischen Thron, wurde 1458 im Altstädter Rathaus gekrönt. Nach den beiden Weltkriegen begrüßte die Stadt hier die jeweils aus dem Exil zurückgekehrten Präsidenten: 1918 Tomáš G. Masaryk, den Gründer der Tschechoslowakei, und 1945 Eduard Beneš.

Im Februar 1948, im Monat der kommunistischen Machtübernahme, sprach der spätere Präsident Klement Gottwald vom Balkon des Kinský-Palais neben der Teynkirche zu den Arbeitern. 20 Jahre danach standen auf dem Ring dann die Panzer der Staaten des Warschauer Pakts. Gewaltsam hatten sie 1968 den »Prager Frühling« beendet.

Altstädter Rathaus 

Das Recht zur Errichtung eines Rathauses mussten die Bürger dem König Johannes von Luxemburg regelrecht abkaufen: Anno 1338 wurde ihnen das Bauprivileg nur unter der Bedingung erteilt, dass sie die Kriegsabenteuer des Königs finanzierten. Das Geld dafür brachten die Stadtväter durch die Erhebung einer Weinsteuer auf.

Das Rathaus ist eigentlich kein einzelnes Haus, sondern eine Häuserreihe. Sie beginnt mit dem ältesten Teil, dem frühgotischen **Haus der Wölfin vom Stein,** das in der zweiten Hälfte des 14. Jhs. um den Rathausturm (kann bestiegen werden!) und eine Kapelle erweitert wurde. Das folgende Gebäude be-

SEITENBLICK

Astronomische Uhr

Zu jeder vollen Stunde beginnt das Figurenspiel der berühmten Astronomischen Uhr am Altstädter Rathausturm. Zwei weiß-blaue Fensterchen öffnen sich, und vorbei ziehen Christus und die zwölf Apostel. Rechts und links davon schaut ein Eitler in den Spiegel, schwenkt ein Geiziger seinen Beutel, Gevatter Tod zieht am Sterbeglöckchen, ein Türke macht Musik. Er erinnert an die Gefahr, die den Habsburgern jahrhundertelang vom Osmanischen Reich drohte. Wenn dann der Hahn kräht, ist das stets von Tausenden von Touristen verfolgte Spiel auch schon wieder vorbei. Weniger beachtet bleibt da oft der wichtigste Teil der Uhr: die Sphärenscheibe, ein astronomisches Wunderwerk aus dem 15. Jh. Auf dem äußeren Ring mit seinen arabischen Ziffern zeigt eine goldene Hand die altböhmische Zeit an. Sie wurde von Sonnenuntergang zu Sonnenuntergang gemessen. Der nächste Kreis mit römischen Ziffern steht für unsere Mitteleuropäische Zeit. Er ist in eine blaue Zone für den Tag und eine braune für die Nacht geteilt. Abgelesen werden kann aber auch die Stellung des Mondes und der Tierkreiszeichen. Die untere Scheibe zeigt volkstümliche Darstellungen der zwölf Monate und verzeichnet alle Tage des Jahres. **50 Dinge** (26) › **S. 15.**

Einer Legende zufolge ließen die Stadtväter den Konstrukteur der Uhr, einen Magister Hanuš der Karlsuniversität, blenden, damit er für andere Städte nicht ein ähnliches Meisterwerk schaffen könne. Aus Rache stieg Hanuš auf den Turm und hielt das Laufwerk an. Daran stimmt so viel, dass die Uhr im 16. Jh. tatsächlich lange stillstand und selbst die berühmten Nürnberger Uhrmacher sie über 50 Jahre lang nicht wieder in Gang setzen konnten. Und noch immer fällt sie ab und zu aus.

eindruckt durch ein Frührenaissancefenster mit der Aufschrift »Praga caput regni« (»Prag, Hauptstadt des Königreichs«). Es folgen das **Haus des Kürschners Mikeš** mit Spitzbogenarkaden, das **Haus zum Hahn** und das mit Sgrafitti verzierte **Haus zur Minute**. Der im 19. Jh. entstandene neogotische Ostflügel wurde während des Maiaufstands 1945 von deutschen Truppen zerstört und besteht heute nur noch aus einem Torso.

Einheimische Hochzeitspaare lassen sich gern vor dem reich verzierten Portal des Rathauses fotografieren, und so löst hier eine Trauung die andere ab.

Sehenswert sind aber auch die Mosaiken in der Eingangshalle, die die »Huldigung des Slawentums« und die »Prophezeiung Libussas« zeigen.

Besichtigt werden können der mit Wappen und Statuen geradezu überladene Ratsherrensaal aus dem 15. Jh. und der neue Sitzungssaal von 1879. Hier hängen die beiden wichtigsten Werke von Václav Brožík, dem berühmtesten tschechischen Maler der vorletzten Jahrhundertwende: »Jan Hus vor dem Konzil in Konstanz« und »Krönung des Hussitenkönigs« (Mo 11–18, Di–So 9 bis 18 Uhr).

Hus-Denkmal

Ein beliebter Treffpunkt der Prager Bevölkerung ist dieses Monument, das sich unübersehbar in der Mitte des Altstädter Rings erhebt. Erst 1915, während des Ersten Welt-

SEITENBLICK

Jan Hus

Der 1370 geborene Bauernsohn studierte an der Karlsuniversität und schlug später eine Laufbahn als Priester ein. Beflusst von den sozialkritischen Thesen des Oxforder Theologen John Wyclif, waren der Kampf gegen die Verweltlichung der Kirche, gegen den einträglichen Ablasshandel und für einen Gottesdienst in tschechischer Sprache die bestimmenden Themen seiner Predigten in der Bethlehemskapelle. Als Führer der Reformbewegung, die in Böhmen großen Zulauf hatte, wurde Hus schließlich exkommuniziert. 1414 erschien er vor dem Konzil in Konstanz, um seine Lehren zu verteidigen, wurde dort, obwohl ihm vom Kaiser freies Geleit zugesichert worden war, eingekerkert und am 6. Juli 1415 auf dem Scheiterhaufen hingerichtet.

Die Bedeutung, die Hus bis weit ins 20. Jh. für die Tschechen hatte, beruht jedoch nicht nur auf seinem religiösen, sondern auch auf seinem politischen Werk. Die Rückkehr zu einer urchristlichen Gemeinschaft ohne jeden Privatbesitz, welche die radikalsten Hussiten forderten, war die Basis für das tschechische Streben nach einer egalitären Gesellschaft. So wurde Hus zum ersten Helden einer tschechischen Nation, die sich jahrhundertelang gegen die deutsche Herrschaft behaupten musste. Auch die tschechische Sprache wurde von Jan Hus grundlegend reformiert. Auf ihn gehen die Häkchen und Akzentzeichen im Schriftbild zurück.

Das Grand Café Orient ist berühmt für sein kubistisches Interieur

kriegs, gestatteten die Habsburger die Errichtung eines Denkmals für den tschechischen Reformator.

Kurz vor dem Ende der deutschen Herrschaft über Böhmen und Mähren ließen sich die hussitischen Traditionen nicht länger unterdrücken. Der hoch aufgerichtete, aus Bronze gegossene Jan Hus blickt zur Teynkirche hin, dem damaligen Zentrum der hussitischen Bewegung und Predigerstätte von Jan z Rokycan, ihrem ersten Erzbischof.

Teynkirche 5 [E4]

Das Jahr 1620 und die Niederlage der Hussiten in der Schlacht am Weißen Berg brachten eine schicksalhafte Wende: Die Teynkirche (Týnský chrám) fiel an die Katholiken, und aus dem Goldenen Kelch, der als Symbol der Utraquisten einst den gotischen Giebel schmückte, wurde ein Strahlenkranz für die nun hier angebrachte Madonnenfigur geschmolzen.

Das Gotteshaus, dessen 70 m hohe Türme den Altstädter Ring dominieren, steht auf romanischen und frühgotischen Fundamenten. Die Bauarbeiten begannen bereits 1339, wurden dann jedoch von den Hussitenkriegen unterbrochen. Daher ist der linke, nördliche Turm auch weniger mächtig als der südliche aus dem Jahr 1511.

SEITENBLICK

Kubismus

Als Prags Architekten des Jugendstils langsam überdrüssig waren, wandten sie sich einem neuen abstrakten Stil zu, dem aus der französischen Malerei entstandenen Kubismus. Eines der wichtigsten Bauwerke steht in barocker Umgebung an der Ecke Celetná/Ovocný trh: das **Haus zur Schwarzen Mutter Gottes** [E4] (1911/12) mit Kubismus-Geschäft und dem **Grand Café Orient** (€), das nach mehr als 80 Jahren originalgetreu wieder eröffnet wurde (www.grandcafeorient.cz) › **S. 37**. Die Madonnenfigur stammt aus dem Vorgängerbau.

Zu einem Hauptwerk der böhmischen Gotik zählt das Nordportal aus der Bauhütte Peter Parlers. Im Tympanon zeigt es Szenen aus der Passion Christi (Kopie; das Original befindet sich im Agneskloster).

Das Innere der Teynkirche wurde nach einem Brand weitgehend barockisiert. Hinter einer gotischen Kanzel steht die marmorne Grabplatte des dänischen Astronomen Tycho Brahe, den Kaiser Rudolf II. 1597 nach Prag holte und der hier zusammen mit Johannes Kepler die Grundlagen für die Berechnung der Planetenbahnen entwickelte.

Teynhof 6 [E4]

Der hinter der Teynkirche liegende Teynhof wurde früher Ungelt genannt, da die fahrenden Händler dort zunächst ihre Waren verzollen mussten, bevor sie sie zum Verkauf auf den Altstädter Ring bringen durften. Inzwischen ist der Teynhof ein gemütliches Plätzchen voller Ruhe und Gelassenheit.

Zwischenstopp: Restaurant

Sage ❶ €€€ [E4]

Neben interessanten Geschäften mit Naturprodukten und Holzspielzeug lockt das neue Fischrestaurant.

- Týn 5 | Tel. 602 295 911
  www.sagerestaurant.cz
  tgl. 11–23 Uhr

Prächtige Profanbauten

Linker Hand der Teynkirche steht das ebenfalls vollständig restaurierte **Haus zur Steinernen Glocke**, einst Stadtpalast Johannes von Luxemburgs und einer der bedeutendsten gotischen Profanbauten des ganzen Landes. Heute zeigt die städtische Galerie hier Ausstellungen moderner Kunst.

Es folgt das **Palais Goltz-Kinský**, ein nach Plänen von Kilian Ignaz Dientzenhofer 1765 errichtetes Rokokopalais, in dem die Friedensnobelpreisträgerin Berta von Suttner, eine geborene Kinský, zur Welt kam. In dem weitläufigen Gebäude befand sich einst das Geschäft von Hermann Kafka, dem Vater Franz Kafkas. Im hinteren Teil war das deutsche Gymnasium untergebracht, das auch Franz besuchte. Heute findet man vorne rechts eine gut sortierte Buchhandlung sowie im Palais selbst einen Teil der **Nationalgalerie** mit einer **Sammlung der Künste von Antike und Orient** (Staroměstské náměstí 12, Tel. 224 810 758, www.ngprague.cz, tgl. außer Mo 10–18 Uhr).

Die Häuser nördlich des Kinský-Palais sind die einzigen ohne roma-

SEITENBLICK

Die Hand in der Jakubskirche

Gegenüber dem Eingangstor zum Teynhof in der Straße Malá Štupartská steht die katholische Kirche des hl. Jakub. Der Legende nach vermochte deren reich geschmückte Statue der Jungfrau Maria Wunder zu vollbringen. Ein Dieb wollte ihr einst nachts eine Schnur mit wertvollen Dukaten stehlen, doch die Statue hielt ihn bis zum nächsten Morgen fest. Nach seiner Entdeckung wurde ihm die Hand abgehackt. Sie hängt bis heute rechts vom Eingang an einer Kette.

Die hochbarocke St.-Nikolaus-Kirche in der Altstadt

nischen oder gotischen Kern. Sie entstanden nach dem Abriss des jüdischen Ghettos Ende des 19. Jhs. im historistischen Stil.

St.-Nikolaus-Kirche 7 [D4]

Die St.-Nikolaus-Kirche (Kostel sv. Mikuláše) an der Nordseite des Altstädter Rings zählt wie ihr gleichnamiges Gegenstück auf der Kleinseite zu den Meisterwerken von Kilian Ignaz Dientzenhofer. Anno 1737 verwirklichte der gebürtige Prager hier seine Vorstellung eines barocken Zentralbaus, gekrönt von einer mächtigen Kuppel. Berühmt sind auch die Fresken des bayrischen Malers Peter Adam (Szenen aus dem Alten Testament, Leben der Heiligen Nikolaus und Benedikt).

Den großen Kristallleuchter in Form des achteckigen Grundrisses der Kuppel ließ die russisch-orthodoxe Gemeinde, die die Kirche 1870–1914 nutzte, in einer Glashütte im nordböhmischen Riesengebirge anfertigen. Heute dient St. Nikolaus als Hauptkirche der Hussiten und als beliebter Konzertort (in der Regel tgl. um 17 und 20 Uhr).

Pariser Straße [D3/4]

Von der Nordwestecke des Altstädter Rings führt die Pařížská (Pariser Straße), die wohl teuerste Einkaufsmeile der Stadt, bis an die Moldau zur Brücke Čechův most. Am berühmten Shoppingboulevard haben sich inzwischen bekannte Modelabels von Cartier über Hermès bis Louis Vuitton sowie noble Cafés und Restaurants niedergelassen.

Kleiner Ring [D4]

Der südwestliche Vorhof zum Altstädter Ring ist der sog. Kleine Ring (Malé náměstí), ein von weiteren Restaurants gesäumter kleiner Platz. Hier werden Stadtrundfahrten mit Oldtimern aus den Zwanzigerjahren angeboten, und von hier setzt sich der Krönungsweg in Richtung Karlsgasse fort. Besonders sehenswert ist das Gebäude der einstigen Eisenwarenhandlung Rott (das heutige Hard Rock Café) mit einer auffälligen Fassade des berühmten Bildhauers Mikoláš Aleš.

Karolinum 8 [E4]

Vom Altstädter Ring führt die Železná südwärts zum Karolinum (Carolinum), das Karl IV. 1348 als erste Universität im Deutschen Reich gründete. Der Kaiser wollte die Bildungsstätte freilich nicht als eine deutsche verstanden wissen: Lehrer und Schüler sollten aus Polen und Österreich, aus dem Baltikum und aus Preußen nach Prag kommen.

Doch schon unter Rektor Jan Hus begann der Streit der Nationen und Religionen. Diese Auseinandersetzungen sollten die Karlsuniversität

bis 1945 beherrschen. Von dem ursprünglichen Gebäude der Uni ist nur ein mit Wasserspeiern, Wappen und Säulchen reich geschmückter gotischer **Erker** erhalten geblieben.

Ständetheater 9 [E4]

Neben dem Karolinum steht das wunderschön restaurierte Ständetheater (Stavovské divadlo), in dem 1787 Mozarts Oper »Don Giovanni« uraufgeführt wurde. In den häufigen Namenswechseln des klassizistischen Bauwerks, das »dem Vaterland und den Künsten« gewidmet ist und mit dem das Ansehen Prags gehoben werden sollte, spiegelt sich das wechselhafte politische Geschick der Stadt wider. Als es im Jahr 1783 eröffnet wurde, trug es den Namen seines Stifters Graf Nostitz. 1799 ging es in den Besitz der böhmischen Stände über und hieß fortan Ständetheater. Nach weiteren Namenswechseln (Deutsches Landestheater und Tyltheater, benannt nach dem Textdichter der tschechischen Nationalhymne) trägt es seit 1991 wieder den Namen Ständetheater. **50 Dinge** ⑫ › **S. 13.** Für die Dreharbeiten zum Film »Amadeus« wurde vorübergehend sogar die Kerzenbeleuchtung wieder eingebaut.

Tour ②

Durch das jüdische Viertel

- 19 Pinkassynagoge
- 20 Alter Jüdischer Friedhof
- 21 Altneusynagoge
- 22 Jüdisches Rathaus
- 23 Maiselsynagoge
- 24 Spanische Synagoge

Gallusmarkt 10 [E4]

Einge Schritte weiter, auf Höhe der Straße Melantrichova, die den Altstädter Ring mit dem Goldenen Kreuz am Wenzelsplatz verbindet, kommt man durch das einstige Marktviertel Gallusstadt, das nach der ehemals gotischen und heute barocken **Galluskirche** (Kostel sv. Havla) benannt wurde. Hier findet bis heute täglich ein ! interessanter Obstmarkt statt, der freilich um Souvenirstände erweitert wurde.

Bethlehemsplatz 11 [D4]

Von der schlichten gotischen **Bethlehemskapelle,** in der es keinen Altar gab und die Kanzel im Mittelpunkt des Gottesdienstes stand, gingen die wesentlichen Impulse für

Das Wahrzeichen hängt über der Theke im Bierlokal »Zum goldenen Tiger«

die hussitische Bewegung aus. Vor stets gut gefülltem Haus forderte Jan Hus hier eine Kirche der Armut und verkündete 1521 der deutsche Bauernführer Thomas Müntzer seine revolutionären Thesen. Auch König Václav IV. soll, verborgen auf einer hölzernen Galerie, die Gottesdienste verfolgt haben (April–Okt. tgl. 10 bis 18.30, Nov.–März bis 17.30 Uhr).

An der Westseite des Bethlehemsplatzes (Betlémské náměstí) steht das **Museum für Völkerkunde,** das den Namen des tschechischen Industriellen und bedeutenden Mäzens Votja Náprstek trägt (Nr. 1, Tel. 224 497 500, www.nm.cz, tgl. außer Mo 10–18 Uhr).

Die engen, verwinkelten Gassen rund um den Bethlehemsplatz laden dazu ein, immer wieder einen Blick in die Hinterhöfe zu werfen. Hier entstand in den letzten Jahren eines der In-Viertel Prags. Zahlreiche Galerien stellen moderne tschechische Kunst aus, daneben bieten Glas- und Marionettenläden, aber auch Keramikgeschäfte Souvenirs aller Art an. Am Abend öffnen dann die zahlreichen Pubs und Musikklubs ihre Türen. In diesem Teil der Altstadt haben aber auch viele alte Bierkneipen überlebt.

Zwischenstopp: Bierlokale

U zlatého tygra (»Zum goldenen Tiger«) ❷ € [D4]

In das Lieblingslokal des 1997 verstorbenen Schriftstellers Bohumil Hrabal, sind auch schon Václav Havel und Bill Clinton zu einem Bier eingekehrt. **50 Dinge** ⑭ › **S. 13.**

- Husova 17 | Tel. 222 221 111
  www.uzlatehotygra.cz
  15–23 Uhr

U medvídků (»Zu den kleinen Bären«) ❸ € [D4]

In dem sehr beliebten Lokal wird echtes Budweiser vom Fass ausgeschenkt.

- Na Perštýně 7 | Tel. 224 211 916
  www.umedvidku.cz

Buch-Tipp
Über all die wahren und unwahren Geschichten, die sich in den Gassen der Altstadt abspielten, berichtet Angelo Maria Ripellino in **Magisches Prag** (Wunderlich Verlag, Tübingen, 1973, leider nur noch antiquarisch erhältlich).

Mariannenplatz 12 [D4]

Am etwas abseits der Touristenströme gelegenen Mariannenplatz (Mariánské náměstí) liegen gleich mehrere wichtige Gebäudekomplexe. Hauptanziehungspunkt ist der **Magistrat,** Sitz des Prager Oberbürgermeisters. Das fast bis zum Altstädter Ring reichende Gebäude schuf Osvald Polívka 1911 praktisch zeitgleich mit dem Gemeindehaus, an dem er ebenfalls beteiligt war.

In dem Film »Kafka« mit Jeremy Irons stellt der Magistrat Kafkas Arbeitsstätte dar, die Arbeiter-Unfall-Versicherung, die aber tatsächlich in der Straße Na Poříčí steht (Nr. 7, das heutige Hotel Century Old Town Prague).

Links vom Magistrat befindet sich die **Stadtbibliothek** in einem Gebäude aus dem Jahr 1928. Sie galt damals als eine der modernsten europäischen Bibliotheken und wird auch heute von den belesenen Pragern gern aufgesucht. Gegenüber der Stadtverwaltung liegt der Eingang zum Klementinum.

In der Südecke des Mariannenplatzes zur Husgasse liegt das **Palais Clam-Gallas,** das J. B. Fischer von Erlach zwischen 1715 und 1730 erbauen ließ. Heute dient es dem Stadtarchiv als Ausstellungsgebäude. Die steinernen Giganten, die den Eingang bewachen, schuf Matthias B. Braun. Das (nicht immer zugängliche) Treppenhaus gilt als das prächtigste des Prager Barock. Das Deckenfresko von Carlo Carlone zeigt die Götter auf dem Olymp.

Klementinum 13 [D4]

Parallel zur Karlsgasse bis kurz vor die Karlsbrücke verläuft das ehemalige Jesuitenkolleg Klementinum

Interessante Märkte

- Lebensmittel und Souvenirs kann man im **Havelský trh** (Gallusmarkt) in der Straße Havelská in der Altstadt stöbern (im Sommer tgl., im Winter nicht So). › **S. 79**
- Auf **Farmermärkten** verkaufen Bauern der Umgebung ihre Waren direkt an die Endverbraucher. Am Samstag am Moldauufer in der Straße **Náplavka** unterhalb der Rašínovo nábřeží [D6] oder mittwochs bis samstags am Náměstí **Jiřího z Poděbrad** in Vinohrady.
- Alles mögliche ist tgl. außer So in den Markthallen der **Holešovická tržnice** zu finden von Lebensmitteln über Kleidung und bis zu moderner IT (www.holesovickatrznice.cz, Ⓜ Vltavská).
- Auf 50 000 m² steigt jedes Wochenende der große **Bleši trh** (Flohmarkt) auf dem Areal der einstigen Straßenbahnfabrik im Prager Osten (Kolbenova 9, Ⓜ Kolbenova).

Der Barockbibliothekssaal im ehemaligen Jesuitenkolleg Klementinum

(Clementinum), der zweitgrößte Gebäudekomplex der Stadt. Nur die Prager Burg ist größer. 1556 schuf der von Ferdinand I. ins Land gerufene Orden hier ein Zentrum der Gegenreformation mit Schule, drei Kirchen, Theater und Druckerei. Bücher der »Ungläubigen« wurden auf dem Innenhof verbrannt. Nach 1622 wurde den Jesuiten auch die Verwaltung der Karlsuniversität anvertraut. Heute ist in dem Gebäude die Nationalbibliothek untergebracht. Der **Astronomische Turm** und der **Barockbibliothekssaal** können im Stundentakt besichtigt werden (April–Okt. tgl. 10–19, Nov.–März bis 18 Uhr).

Dem Kreuzherrenplatz zugewandt ist die **St.-Salvator-Kirche** (1593–1653) des Klementinums, der bedeutendste sakrale Renaissancebau Prags. Den Eingang bildet ein prächtiges, mit unzähligen Heiligenstatuen geschmücktes Siegestor. Daran schließt sich das lang gezogene ehemalige Kolleg mit 22 Fensterachsen an. Zu den Sehenswürdigkeiten gehört auch die **Spiegelkapelle**, in der häufig Konzerte stattfinden.

Die **St.-Klemens-Kirche** im Klementinum wurde vom Baumeister K. I. Dientzenhofer 1715 barockisiert, die Skulpturen stammen von M. B. Braun. Heute feiert hier die griechisch-katholische Gemeinde ihre Gottesdienste (Eingang in der Karlova).

Karlsgasse 14 [D4]

Zu den belebtesten Gassen der Stadt gehört ohne Zweifel die Karlova, die den Altstädter Ring mit der Karlsbrücke verbindet. Ein Souvenirgeschäft reiht sich hier an das andere. In den meist völlig überteuerten Touristenlokalen sollte man jedoch besser nicht einkehren.

Ein typisches Mitbringsel aus Prag sind **Marionetten,** ihre Herstellung hat hier eine lange Tradition. Vergleichen Sie die angebotenen Puppen in den verschiedenen Geschäften, so stellen Sie schnell Unterschiede in Qualität und Preis fest.

An der Ecke zur Seminargasse (Seminářská) steht eines der schönsten barocken Bürgerhäuser der Stadt: Das 1701 errichete **Haus zum goldenen Brunnen** (U zlaté studny) ist mit Stuckreliefs verziert, die u. a. die Pestheilige Rosalie, den hl. Wenzel und den hl. Nepomuk zeigen.

Kreuzherrenplatz 15 [D4]

Die Karlsgasse mündet auf den Kreuzherrenplatz (Křižovnické náměstí), der von allen vier Seiten von bedeutenden historischen Gebäuden eingeschlossen ist und daher vielen als einer der schönsten Plätze der Hauptstadt gilt. Außerdem eröffnet sich von hier ein überwältigender Blick auf die andere Seite der Moldau, auf die Kleinseite und die Burg.

Die **St.-Franziskus-Kirche** (Kostel sv. Františka) mit dem ehemaligen Kloster der Kreuzritter nimmt die Nordseite des Platzes ein. Am Haupteingang des ersten barocken Kuppelbaus der Stadt (J. B. Mathey; 1679–1689) stehen Statuen der Madonna und des hl. Nepomuk. Die Fassade schmücken böhmische Patrone. An der rechten Ecke entdeckt man eine Winzersäule mit dem hl. Václav vom ehemals gegenüberliegenden Winzeramt; links neben der Kirche ein neogotisches **Denkmal Karls IV.**, das zum 500. Gründungstag der Universität 1848 errichtet wurde. Die Fresken von W. L. Reiner in der Kirchenkuppel zeigen das Jüngste Gericht.

Karlsbrücke 16 ★3 [C/D4]

Aus den engen Gassen der Altstadt kommend, lockt der Gang über die Karlsbrücke. Die zweitälteste Brücke des Landes ist der eigentliche Mittelpunkt Prags. Die Stadt präsentiert sich als gewaltige Theaterkulisse, die Bühne bilden die 520 m Brückenlänge. Die Schauspieler sind die Menschen, die die Moldau zu fast allen Tages- und Nachtzeiten überqueren. **50 Dinge ① › S. 12.**

Die Kaufleute, die schon im 9. Jh. von West nach Ost zogen, durchquerten die Moldau etwas nördlich der Brücke durch eine Furt. Die bereits anno 1118 erwähnte erste Brücke war aus Holz errichtet und hielt deshalb dem Moldauhochwasser nicht lange stand. Und auch die erste steinerne Brücke, die den Namen der Königin Judith trug und ab 1158 die Überquerung der Moldau trockenes Fußes erlaubte, fiel 200 Jahre später einem Hochwasser zum Opfer. Danach wollte Karl IV. eine besonders stabile Brücke bauen lassen.

Also bat der Architekt Peter Parler die Einwohner umliegender Gemeinden, Eier nach Prag zu bringen, um damit die Bindekraft des Mörtels zu erhöhen. Auch die Bau-

Blick über die Karlsbrücke auf die Burg

ern aus Rakovník sandten eine beträchtliche Menge. Doch als die Maurer die Eier aufschlagen wollten, stellten sie fest, dass diese abgekocht waren – die Stifter hatten befürchtet, die Eier könnten unterwegs zerbrechen.

Tatsächlich wurde ab 1357 über 100 Jahre lang an der Karlsbrücke gebaut. Weder der Kaiser noch sein Architekt erlebten ihre Fertigstellung. Den Menschenmassen hält die Brücke bis heute ebenso stand, wie sie den Jahrhundertfluten von 2002 und 2013 trotzte. Zwischen dem 650. Jubiläum im Jahr 2007 und 2010 wurde die Brücke aufwendig restauriert.

Mittelpunkt städtischen Lebens

Karikaturisten, Musiker, Marionettenspieler und Händler – sie bestimmen heute das Bild der Karlsbrücke. Doch schon immer war sie der Ort städtischen Lebens. Es wurde Markt abgehalten, man fällte Urteile und ergötzte sich an Ritterturnieren. Über die Brücke zogen die böhmischen Könige auf ihrem Weg zur Krönung im St.-Veits-Dom.

Einer dagegen musste Prag über die Brücke verlassen: der Winterkönig Friedrich von der Pfalz, der nach der Niederlage am Weißen Berg gegen die kaiserlichen Truppen aus der Stadt floh. Wenig später

Die Statue des hl. Nepomuk zu berühren soll Glück bringen – und wenn es nur der Hund auf dem Relief am Sockel ist

fand hier eine entscheidende Schlacht des Dreißigjährigen Krieges statt. Die Schweden versuchten, in die Altstadt einzudringen.

Die berühmten Statuen

Ihren ganz besonderen Reiz gewinnt die Karlsbrücke durch die barocken Skulpturen, die nach dem Vorbild der römischen Engelsbrücke hier aufgestellt wurden und im Gegensatz zu der strengen gotischen Architektur stehen. Die 30 Statuen und Statuengruppen wurden im Lauf von mehr als 200 Jahren gefertigt, wobei die zwischen Ende des 17. und Anfang des 18. Jhs. geschaffenen Werke zu den Höhepunkten böhmischer Bildhauerkunst zählen.

So auch die älteste Plastik, die 1683 von Mathias Rauchmüller in Nürnberg gegossene Bronzestatue des hl. Nepomuk in der Brückenmitte, an der heute die Touristen in der Hoffnung auf Glück ihre Hand auflegen. Als die künstlerisch wertvollste Arbeit gilt die Darstellung der hl. Luitgard von Matthias Bernhard Braun (1710) an der Treppe zur Halbinsel Kampa.

Von Anfang an stand auf der Brücke ein Kruzifix, seit dem Ende des 17. Jhs. trägt es eine vergoldete hebräische Inschrift: »Heilig, heilig, heilig ist der Herr.« Bezahlt wurde sie mit dem Strafgeld eines Juden, der das Kreuz in den Augen der Christen verspottet hatte, weil er

SEITENBLICK

Prager Brückensturz

1393 wurde Johannes von Nepomuk auf Befehl Václavs IV. von der Moldaubrücke in den Tod gestürzt. Der Legende nach soll der spätere »Brückenheilige« sich geweigert haben, dem Kaiser das Beichtgeheimnis seiner jungen Gemahlin zu verraten. Tatsächlich jedoch ging es um unterschiedliche Meinungen bei der Besetzung einer Klosterleitung. Johannes wurde wie damalige Feinde zunächst gefoltert, überlebte die Tortur jedoch, was Václav ganz besonders erboste – und ihn zu einem anderen Mittel greifen ließ. 1729 sprach ihn die katholische Kirche heilig und schuf so einen der wichtigsten Patrone des Landes.

seine Kopfbedeckung nicht abnehmen wollte, als er am Kreuz vorbeiging. Da der Zahn der Zeit den Statuen inzwischen schon ziemlich zugesetzt hat, werden sie nach und nach durch Kopien ersetzt.

Die Brückentürme

Als schönster gotischer Turm der Stadt gilt der **Altstädter Brückenturm**, ein Werk Peter Parlers. Vor allem die Darstellungen Karls IV., Václavs IV. und des hl. Veit auf der Ostseite unterstreichen die Meisterschaft der gotischen Bildhauerkunst.

Der Figurenschmuck auf der Westseite der Brücke wurde bei den Kämpfen im Dreißigjährigen Krieg zerstört. Sein Dach erhielt das Tor bei einer neogotischen Restaurierung, die Josef Mocker im Jahr 1878 leitete.

Gegenüber erheben sich die **Kleinseitner Brückentürme,** verbunden durch ein wappengeschmücktes Tor. Der kleinere Turm aus dem 12. Jh. war Teil der romanischen Befestigungsanlage, die den Zugang zur Brücke von Westen sicherte. Der größere Turm wurde im 15. Jh. als Gegenstück zum Altstädter Brückenturm errichtet. Beide kann man besteigen und das Treiben auf der Karlsbrücke von oben betrachten (auf beiden Seiten April–Sept. tgl. 10–22, März und Okt. bis 20, Nov.–Febr. bis 18 Uhr).

Novotný-Steg 17 [D4]

Den ! schönsten Blick auf die Karlsbrücke genießt man vom Novotný-Steg (Novotného lávka). Am Anfang des Stegs befindet sich in einer ehemaligen Badeanstalt die größte Disco Mitteleuropas, »Karlovy Lázně« (Nr. 13, www.karlovylazne.cz), an seinem Ende das überaus sehenswerte **Smetana-Museum** (Nr. 1, Tel. 222 220 082, www.nm.cz, tgl. außer Di 10–17 Uhr).

Zahlreiche Cafés laden darüber hinaus zum Verweilen ein.

Rudolfinum 18 [D3] und Kunstgewerbemuseum

Im **Rudolfinum,** einem Neorenaissancebau (von J. Zítek und J. Schulz 1876–1884 gebaut), tagte von 1918 bis 1938 das tschechoslowakische Parlament. Heute finden hier Konzerte der Philharmonie statt, daher auch der Spitzname »Haus der Künstler«. Ruhe und Abgeschiedenheit bietet das kleine Café. Übrigens spielen Weltstars wie Sarah Brightman im Rudolfinum ihre CDs ein.

Die Sammlungen des **Kunstgewerbemuseums** (Uměleckoprůmyslové muzeum) gegenüber zeigen Kunsthandwerk von der Antike bis ins 19. Jh., darunter eine exquisite Sammlung von Glaskunst (17. listopadu 2, Tel. 251 093 111, www.upm.cz, Di 10–19, Mi–So 10–18 Uhr).

Die angrenzende **Philosophische Fakultät** der Karlsuniversität hatte der Student Jan Palach besucht, bevor er sich im Januar 1969 aus Protest gegen die Folgen des militärischen Einmarschs der Staaten des Warschauer Pakts auf dem Wenzelsplatz selbst verbrannte. Seine Büste befindet sich an der Ecke zur Kaprova an jenem Platz nahe der Metrostation Ⓜ Staroměstská, der inzwischen seinen Namen trägt.

SPECIAL

Aufbruch in die Moderne

In kaum einer anderen Hauptstadt Europas gibt es so viel und so außergewöhnlichen Jugendstil zu bestaunen wie in Prag: die Glasfenster in leuchtenden Farben im gotischen St.-Veits-Dom, die eleganten Lüster im Café des Gemeindehauses, Theaterplakate, Türgriffe und Kerzenständer.

Duftige florale Ornamente

Eine Besonderheit des Prager Jugendstils ist seine enge Verbindung zu Neobarock und Neogotik. Obwohl die Künstler jener Zeit eigentlich etwas ganz Neues schaffen wollten, liebten ihre bürgerlichen Auftraggeber weiterhin die historisierenden Formen des 19. Jhs.

Bestes Beispiel hierfür ist die Josefstadt (Josefov), das in der Gründerzeit umgestaltete ehemalige Judenviertel. Erker und Türmchen wie aus der Zeit der Gotik finden sich hier ebenso wie die typischen geometrischen und duftigen floralen Ornamente des Jugendstils in ihrer betonten Leichtigkeit. Zu sehen sind auch Darstellungen junger, in wallende Gewänder gekleideter Frauen und kräftiger Jünglinge.

Perlen des Jugendstils

- **Gemeindehaus (Obecní dům)**
  Das zwischen 1905 und 1911 u.a. von Osvald Polívka errichtete Jugendstilhaus ist für viele eines der schönsten Gebäude Prags. › **S. 70**
  Náměstí Republiky 5
  Altstadt
- **Grand Hotel Evropa** €€ [E5]
  Dryak und Bendlmayer errichteten das Haus 1905. Derzeit wird das Hotel zwar umgebaut, aber die fotogene

 Das Café im Gemeindehaus ist im reinsten Jugendstil eingerichtet

Fassade ist nach wie vor sichtbar.
Václavské náměstí 25 | Neustadt

- **Hotel Paříž** €€€ [E4]
  Das spitz zulaufende Eckhaus ist eine wahre Jugendstilperle, von der Fassade bis zu den Zimmern. Tipp für eine ruhige Pause nach dem Einkaufen im Palladium gegenüber ist das beliebte »Café de Paris« › S. 35.
- **Peterkův dům** [E4/5]
  Jan Kotěra war der Architekt des ersten Jugendstilhauses der Stadt (1900).
  Václavské náměstí 12 | Neustadt
- **Versicherung Praha** und **Haus Topič** [D5]
  Auch diese beiden Bürohäuser wurden 1903 von Osvald Polívka erbaut.
  Národní 7 und 9 | Altstadt

Stilgerecht einkaufen und essen

Souvenirjäger in Sachen Jugendstil haben eine große Auswahl. In den großen Buchhandlungen gibt es nicht nur prächtige Bildbände, sondern auch Kartenspiele und Kalender im Jugendstil.

Einen guten Überblick über die Werke des wichtigsten tschechischen Jugendstilkünstlers Alfons Mucha bietet das **Alfons-Mucha-Museum** › S. 130. Hier kann man Reproduktionen wie etwa die berühmten Darstellungen der Schauspielerin Sarah Bernhardt kaufen.

Im Seitenflügel des Gemeindehauses kann man sich im **französischen Restaurant** bei einem üppigen Mahl erholen – natürlich ebenfalls im Jugendstil-Ambiente. Hier wurde übrigens der Film »Ich habe den englischen König bedient« nach Bohumil Hrabals berühmtem Roman gedreht, auch wenn die Handlung des Buchs eigentlich im Hotel Paříž nebenan spielt. Und dessen türkisfarben eingerichtetes **Restaurant Sarah Bernhardt** wetteifert mit dem Gemeindehaus um das schönste Interieur.

- **Mucha-Museum** [E4]
  Panská 7 | Neustadt
  Tel. 224 216 415 | www.mucha.cz
- **Französisches Restaurant im Gemeindehaus** €€€ [E4]
  Náměstí Republiky 5 | Altstadt
  Tel. 222 002 770
  www.francouzskarestaurace.cz
- **Sarah Bernhardt** €€€ [E4]
  U Obecního domu 1 | Altstadt
  Tel. 222 195 900
  www.sarah-bernhardt.cz

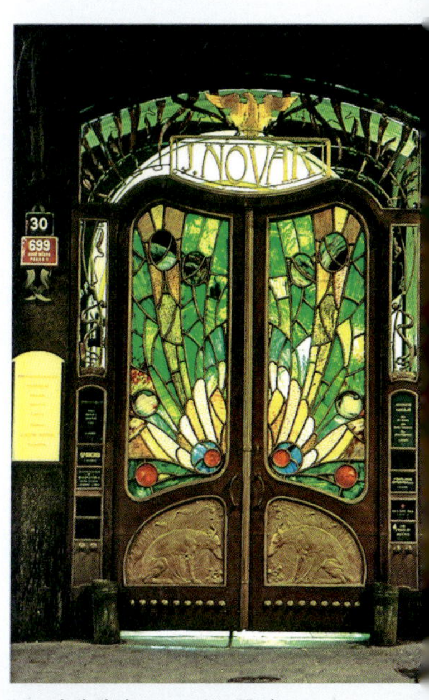

Jugendstil-Glaskunst an einer Tür des Dům U Nováků in der Vodičkova 30

Durch das jüdische Viertel

Verlauf: **Pinkassynagoge › Alter Jüdischer Friedhof › Altneusynagoge › Jüdisches Rathaus › Spanische Synagoge**

Karte: Seite 78
Dauer: ca. 4 Std. zu Fuß
Praktische Hinweise:

- Alle Sehenswürdigkeiten sind am Samstag, dem jüdischen Sabbat, geschlossen.
- Der Ausgangspunkt liegt nahe der Metrostation Ⓜ Staroměstská. Man kann die Tour auch an den Altstadt-Spaziergang › **S. 70** anschließen.

Tour-Start:

Die ersten Juden, die sich am Fuß des Hradschin und des Vyšehrad niederließen, waren Händler. Die frühesten Belege einer Siedlung jüdischer Geschäftsleute im Bereich der späteren Altneusynagoge stammen aus dem Jahr 1091. Nur wenige Jahre später nahmen christliche Nachbarn den Aufruf Papst Urbans II. zum Kreuzzug allzu wörtlich: Sie plünderten die jüdischen Siedlungen und zwangen ihre Bewohner, sich taufen zu lassen.

Zum »Schutz« der Juden wurde ein ummauertes Stadtviertel angelegt, die Judenstadt. Das Ghetto schrieb zwar den jüdischen Siedlungsraum für Jahrhunderte fest, schützte seine Bewohner jedoch nicht vor Pogromen. Trotz der beengten Verhältnisse entwickelte sich in der Judenstadt ein vielfältiges intellektuelles und kulturelles Leben, das sich u.a. im Bau der Altneusynagoge ausdrückte, des ältesten jüdischen Gotteshauses in Europa.

Mordechaj Markus Maisel, der Finanzberater Kaiser Rudolfs II., ließ als Bürgermeister die Straßen der Judenstadt pflastern, baute das Rathaus und die nach ihm benannte Synagoge, richtete eine Talmudschule ein und stiftete ein Krankenhaus. Auch der legendäre Rabbi Löw, der angebliche Schöpfer des sagenumwobenen Golems (› **S. 93**, Seitenblick »Die Golem-Legende«), hatte hier im Ghetto seine Wirkungsstätte.

Das 1781 durch Joseph II. erlassene Toleranzedikt verbesserte die Rechtsstellung der Juden: Die Ghettomauer wurde niedergerissen. Doch erst das Revolutionsjahr 1848 brachte ihnen das volle Bürgerrecht.

1850 wurde das jüdische Viertel der Verwaltung der Stadt Prag angegliedert und in »Josephstadt« – Josefov – umbenannt. Damit war allerdings auch sein Schicksal besiegelt: Da die reichen Juden nun in bessere Stadtviertel umziehen konnten, wurde die Josephstadt erneut zum Ghetto – zu dem der ärmsten jüdischen wie christlichen Bewohner Prags.

In der Gründerzeit Ende des 19. Jhs. wurde das Viertel mit seinen engen Gassen dann größtenteils abgerissen und durch groß angelegte Jugendstilbauten ersetzt. Die wichtigsten Gebäude wie die

Auf dem Alten Jüdischen Friedhof

Synagogen und der Alte Jüdische Friedhof blieben jedoch zum Glück erhalten.

Pinkassynagoge 19 [D3/4]

Von der Metrostation Ⓜ Staroměstská erreicht man die Synagoge, die nach der berühmten jüdischen Familie Pinkas benannt ist. In historischen Quellen wird der Bau erstmals 1492 erwähnt, bei Ausgrabungen fand man in seinen Fundamenten jedoch Reste einer romanischen Synagoge aus dem 11. Jh. Das gotische Netzgewölbe stammt von 1535, zu Beginn des 17. Jhs. wurde das Hauptschiff (Thoraschrein, Almemor im Renaissancestil) um die Frauengalerie erweitert.

Nach dem Ende des Zweiten Weltkriegs verfiel die Synagoge langsam, bis sie in den 1950er-Jahren verstaatlicht und zu einer Gedenkstätte für die jüdischen Opfer des Nationalsozialismus umgestaltet wurde. An den Wänden wurden nach Herkunft und Familienzugehörigkeit geordnet die Namen von 77 297 ermordeten Juden aus Böhmen und Mähren aufgelistet. In den folgenden Jahren drang wiederholt Wasser in das Gebäude ein und zerstörte die Inschriften; der Bau blieb über Jahre hinweg geschlossen und wurde 1996 nach umfassender Restaurierung wieder eröffnet.

Infos

Sammelticket an der Pinkassynagoge (300 Kč, in der Hochsaison Wartezeiten einplanen), das auch für den Friedhof, die Maisel-, Klausen- und Spanische Synagoge gilt. Weitere 200 Kč kostet das Ticket für die Altneusynagoge. Öffnungszeiten: April–Okt. So–Fr 9–18, Nov.–März 9–16.30 Uhr, Gruppen nur nach Voranmeldung; Tel. 222 317 191, www.jewishmuseum.cz.

Alter Jüdischer Friedhof 20 ★ [D3]

Die Pinkassynagoge bildet heute auch den Eingang zum Alten Jüdischen Friedhof, auf dem von 1439 bis 1787 alle in Prag ansässigen Juden bestattet wurden. Da der Platz im Ghetto jedoch knapp war, mussten die Toten übereinander beerdigt

Markantestes Gebäude der alten Judenstadt: die Altneusynagoge

werden. So erklärt sich, warum die rund 12 000 Grabsteine so eng und auf unterschiedlichem Niveau nebeneinanderstehen. Die ältesten Grabmäler wurden in schlichter Form aus Sandstein gehauen, die jüngeren sind aus Marmor. Je näher die Entstehungszeit der Gegenwart kommt, desto prächtiger sind sie gestaltet. **50 Dinge (28) › S. 15.**

Nach 1787 entstanden außerhalb des nun aufgehobenen Ghettos neue jüdische Friedhöfe.

Das meistbesuchte Grab ist das des Jehuda Löw ben Bezalel, besser bekannt als Rabbi Löw (gest. 1609), des legendären Schöpfers des Golems. Unzählige kleine Zettel liegen auf und in der Tumba, sie enthalten Wünsche, die der Rabbi den Besuchern seines Grabs erfüllen soll.

Im neoromanischen Zeremoniensaal am Eingang des Friedhofs informiert eine Ausstellung über die traditionelle jüdische Begräbniszeremonie.

Altneusynagoge 21

 [D3]

Das architekturgeschichtlich wertvollste Denkmal der Josephstadt ist eines der ersten frühgotischen Bauwerke Prags (zweite Hälfte des 13. Jhs.). Es ist die älteste Synagoge auf europäischem Boden, die noch immer als Gebetshaus genutzt wird.

Im Vorraum, dem ältesten Teil der Synagoge, steht eine Truhe, die zur Aufbewahrung der Judensteuer bestimmt war. Diese war einst jeweils am Sabbat und an jüdischen Feiertagen an die Steuereintreiber der jüdischen Gemeinde zu entrichten. Über dem Eingang ins Hauptschiff blieb ein gotisches Tympanon erhalten. Weinreben symbolisieren die Stämme Israels und die drei zu dieser Zeit bekannten Erdteile. Den zweischiffigen Hauptraum, der von Zisterzienserbaumeistern errichtet wurde, überspannt ein auf sechs Pfeilern ruhendes Gewölbe. In früheren Zeiten, zu denen die Juden noch kein Rathaus besaßen, wurden in einem Flügel die Angelegenheiten der Gemeinde geregelt, im anderen wurde gebetet. Da nur die Männer den Hauptraum betreten durften, wurde für die Frauen eine eigene Galerie errichtet, von wo sie durch schmale Schlitze den Gottesdienst verfolgten.

Vom Almemor (Thorabühne) in der Mitte der Synagoge wird aus der Thora vorgelesen. Er ist von einem hohen schmiedeeisernen Gitter umgeben. Die Eingangstür zeigt den sogenannten Schwedenhelm, den die Prager Juden – wie später den gelben Stern – tragen mussten.

Jüdisches Rathaus 22 [D3]

Neben der Altneusynagoge steht das einzige jüdische Rathaus außerhalb Israels. Über 40 000 Juden leb-

SEITENBLICK

Die Golem-Legende

Der geistige Umbruch an der Schwelle vom Mittelalter zur Neuzeit, als der Mensch sich der Möglichkeiten seines Verstands bewusst wird, aber immer wieder an dessen Grenzen scheitert, hat berühmte Geschichten hervorgebracht. Eine davon dreht sich um den Schriftgelehrten Jehuda Löw ben Bezalel, besser bekannt als Rabbi Löw, der einen künstlichen Menschen aus dem Schlamm der Moldau geschaffen und zum Leben erweckt haben soll – den Golem. Dieses Geschöpf aus Ton und Lehm sollte Verbrechen in der jüdischen Gemeinde bekämpfen. Doch eines Abends entzog sich der Golem der Kontrolle seines Schöpfers und entwickelte große Zerstörungswut. Gerade noch rechtzeitig gelang es Rabbi Löw, das Zeichen des Lebens wieder aus dem Mund des Golems zu entfernen, woraufhin er zu Asche und Staub zerfiel. Der Überlieferung nach ruhen seine unsterblichen Reste unter dem Ziegelgiebel der Altneusynagoge. Die Golem-Legende lässt sich auch als eine Parabel auf unser wissenschaftlich-poitivistisches Weltverständnis lesen. Demnach erscheint der Golem als der Fluch des modernen Zauberlehrlings, den er selbst herbeigerufen hat, und den er nun nicht wieder loswird.

ten vor dem Zweiten Weltkrieg in Prag, in der sozialistischen Zeit waren es um die 800. Seit 1989 bekennen sich wieder mehr Juden zu ihrem Glauben, und so wuchs die Gemeinde auf rund 1500 Mitglieder an. Charakteristisch sind die beiden Uhren am barocken Glockenturm des Gebäudes. Eine davon besitzt ein hebräisches Zifferblatt, ihre Zeiger bewegen sich entgegen dem sonst üblichen Uhrzeigersinn.

Zwischenstopp: Restaurants

Katr ❹ €€ [D/E3]

Im jüdischen Viertel sind preiswerte Lokale rar, doch das Katr mit leckerer böhmischer Küche ist eine gute Wahl.

- Vězeňská 9 | Tel. 222 315 148
  www.katrrestaurant.cz
  Mo–Fr 11–23, Sa/So 12–23 Uhr

Zlatá Praha ❺ €€€ [D3]

Vom noblen Restaurant im Hotel Inter-Continental kann man während des ausgezeichneten Sonntagsbrunchs einen der schönsten Blicke auf die Türme der Altstadt genießen.

- Pařížská 30
  Tel. 296 630 914
  www.zlatapraharestaurant.cz
  Mo–Sa 12–23.30, So 11–15, 18–23.30 Uhr

Barock ❻ €€€ [D3]

In der Pariser Straße lockt das asiatisch angehauchte Restaurant etwa mit Sushi und fein gewürztem Gemüse.

- Pařížská 24
  Tel. 222 329 221
  www.barockrestaurant.cz
  tgl. 10–1 Uhr

Klausen- und Maiselsynagoge

Die **Klausensynagoge** neben dem Friedhof wurde Ende des 17. Jhs. im Barockstil errichtet, die **Maiselsynagoge** 23 [D3/4] in der Maiselova 10 (zzt. im Umbau bis 2015) stammt ursprünglich aus dem Jahr 1560, wurde jedoch 1893 neu erbaut.

In beiden Synagogen wird eine Sammlung sakraler jüdischer Gegenstände gezeigt, die – so seltsam es auch klingen mag – auf das Dritte Reich zurückgeht: Die Nationalsozialisten wollten in dem von ihnen besetzten Prag das »exotische Museum einer ausgestorbenen Rasse« einrichten und ließen deshalb Thorarollen, Thorakronen, Thoraschilder, siebenarmige Leuchter und Zigtausende anderer Glaubenszeugnisse aus vielen Gemeinden Böhmens und Mährens nach Prag bringen.

Spanische Synagoge 24 [D3]

In der Vězeňská liegt die prunkvolle Spanische Synagoge, die 1868 anstelle einer Schule aus dem 12. Jh. ganz im maurischen Stil für moderne reformierte Juden errichtet wurde. Die prächtige Inneneinrichtung des zentralen Kuppelgebäudes erinnert an die Alhambra im spanischen Granada. Eine ständige Ausstellung dokumentiert die Geschichte der Juden in Böhmen und Mähren von der Emanzipation bis in die Gegenwart. **50 Dinge** ㉗ › S. 15.

Der Vrtba-Garten unterhalb des Laurenzibergs

DIE KLEINSEITE

Kleine Inspiration

- **Auf Schillers Spuren** das Palais Waldstein besuchen › S. 97
- **Vom Turm des St.-Nikolaus-Doms** über die Kleinseitner Dächer blicken › S. 100
- **Im versteckten Vrtba-Garten** die Ruhe genießen › S. 101
- **Auf der Kampainsel** flanieren › S. 103

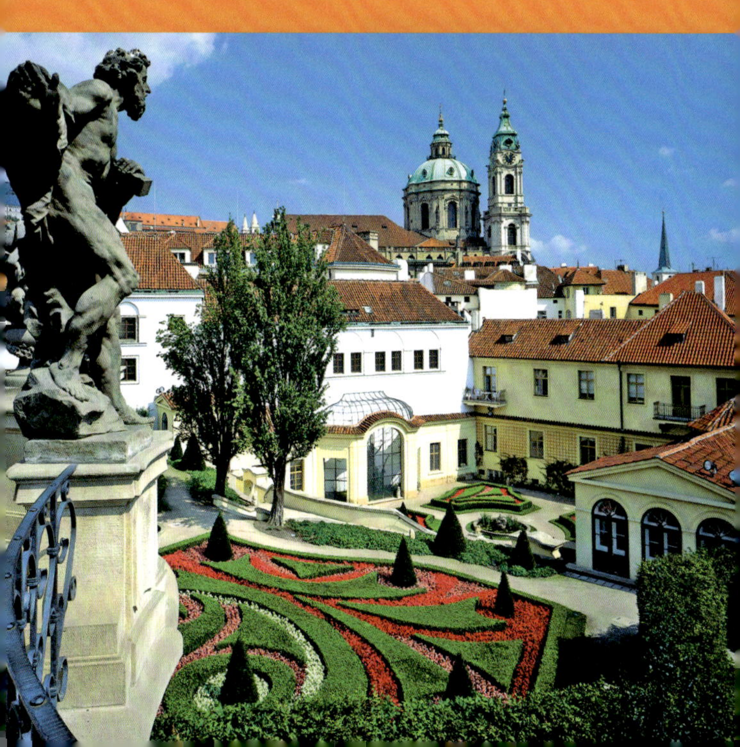

Am linken Moldauufer prunken Adelspaläste unterhalb der Burg. Schlendern Sie den Kleinseitner Ring entlang, ruhen Sie sich in den teils versteckten Gärten aus und entdecken Sie die Halbinsel Kampa.

Das Stadtviertel Kleinseite (Malá strana) unterhalb der Burg, in dem die meisten Prager gern leben würden, konnte seit mehr als eineinhalb Jahrhunderten sein Aussehen fast unverändert bewahren. 1257 gegründet, erhielt es seinen heutigen Namen erst nach der Entstehung der Neustadt. Denn von da an bildete die Bebauung auf dieser Seite der Moldau die »kleinere Seite« Prags.

Entscheidend für das heutige Aussehen der Kleinseite war der große Stadtbrand von 1541. An der Stelle von Bürgerhäusern baute nun der Adel seine Renaissancepaläste in unmittelbarer Nähe zum Königshof. Im Zuge des Baubooms der siegreichen Katholiken nach dem Dreißigjährigen Krieg erhielt das Viertel dann sein barockes Gewand.

»Trabbi auf vier Beinen« im Garten der deutschen Botschaft im Palais Lobkowitz

Im Gegensatz zu den anderen Stadtteilen war die Kleinseite stets ein multikulturelles Viertel; hier lebten Deutsche, Österreicher, Juden und Tschechen, Adelige und Handwerker in bunter Mischung. Die große Zeit der Kleinseite ging erst in der ersten Hälfte des 20. Jhs. zu Ende. Nach der Gründung der Tschechoslowakei 1918 verließ zunächst der österreichische Adel die Hauptstadt; während der deutschen Besatzung im Zweiten Weltkrieg mussten die Juden fliehen oder wurden umgebracht, und nach dem Krieg wurden schließlich die Deutschen vertrieben.

Zentrum des grünen Viertels ist der Kleinseitner Ring, beherrscht vom St.-Nikolaus-Dom mit seiner prachtvollen Barockkuppel. Noch mehr Barock gibt es in der Kirche des Prager Jesuleins und auf dem Malteserplatz. Über die romantische Halbinsel Kampa erreicht man schließlich die belebte Brückengasse und die Karlsbrücke. Zur Kleinseite gelangt man am besten mit der Metro.

Tour auf der Kleinseite

Rundgang durch die Kleinseite

Verlauf: Palais Waldstein › Palastgärten › Kleinseitner Ring › Karmelitergasse › Malteserplatz › Kampainsel

Karte: Seite 98
Dauer: 3–4 Std. zu Fuß
Praktische Hinweise:

- Idealerweise früh am Vormittag oder aber am späteren Nachmittag, weil sich die malerische Kleinseite einfach nicht mit Menschenmengen verträgt. Das Palais Waldstein kann nur Sa und So besichtigt werden. Ausgangspunkt ist die Metrostation Ⓜ Malostranská.
- Wer den Altstadt-Spaziergang › **S. 70** auf den Spuren des einstigen Krönungswegs fortsetzen möchte, beginnt an der Karlsbrücke und geht über den Kleinseitner Ring und die Nerudagasse direkt hinauf zur Prager Burg.

Tour-Start:
Palais Waldstein 1 [C3]

Spätestens seit Schillers Dramen ist Albrecht von Waldstein in Deutschland unter dem Namen Wallenstein bekannt. Auf Tschechisch hieß der Feldherr dagegen Valdštejn – der Stammsitz der Familie liegt neben einem großen Stein in den Wäldern Nordböhmens.

Der ursprünglich protestantische Waldstein trat in den Dienst des katholischen Kaisers und erwarb sich während des Dreißigjährigen Kriegs nicht nur große Verdienste, sondern auch ein riesiges Vermögen. So konnte er bereits zu Beginn der Zwanzigerjahre des 17. Jhs. direkt unterhalb der Burg 26 Häuser und drei Gärten aufkaufen, um hier den ersten profanen Barockpalast Prags zu errichten. Angesichts des Monumentalbaus, der sich um fünf Innenhöfe gruppierte, warf man Wallenstein bald vor, höhere Ambitionen zu haben. Missgunst und Intrigen führten dazu, dass Ferdinand II. seinen Generalissimus 1634 absetzte und schließlich im westböhmischen Eger (Cheb) ermorden ließ. Vor diesem Hintergrund mutet die Hauptfassade des Palais in der Valdštejnská eher bescheiden an.

Heute ist das Palais Sitz des tschechischen Senats (Oberhaus des Parlaments) und für Besucher nur am Wochenende zugänglich, ! dafür aber gratis.

Berühmt ist der ausgedehnte **Waldstein-Garten** (Eingang bei der Metrostation oder in der Letenská) mit einer dreiteiligen Sala terrena und Bronzestatuen von Adrian de Vries. **50 Dinge** (29) › **S. 15**.

Übrigens gilt die unterhalb des Palais Waldstein gelegene Metrostation Ⓜ Malostranská als eine der schönsten der Stadt, denn sie liegt direkt neben den barocken Pferdeställen.

Palastgärten unter der Prager Burg 2 [B/C3]

Am Valdštejnské náměstí 3 und in der Valdštejnská 12–14 befinden sich die Zugänge zu den umfassend restaurierten Barockgärten unterhalb der Prager Burg.

Früher gaben hier adelige Familien wie die Pálffys oder die Fürstenbergs hier Konzerte und spielten auch selbst Theater. Der Spaziergang durch die Palastgärten gilt heute noch als Geheimtipp. Exotische Pflanzen und Barockstatuen, plätschernde Brunnen und Aussichtstürme bestimmen das romantische Ambiente der sehenswerten Terrassenanlagen. Die Gärten sind miteinander verbunden und auch vom Burggarten › **S. 117** aus zugänglich (April–Okt. tgl. 10–18, im Sommer bis 19 Uhr).

Zwischenstopp: Restaurant

Pálffy Palác ❶ €€€ [C3]

Einen besonders schönen Blick auf die Gärten bietet die Terrasse des Palais Pálffy. Im barocken Adelspalast lockt das Restaurant mit wundervollem Ambiente und moderner tschechischer Küche.

- Valdštejnská 14 | Tel. 257 530 522 www.palffy.cz | tgl. 11-23 Uhr

Kleinseitner Ring 3 ★ [B4]

Im Gegensatz zum Altstädter Ring auf der anderen Moldauseite besteht der im 13. Jh. angelegte Kleinseitner Ring (Malostranské náměstí) nicht nur aus einem, sondern aus gleich zwei Plätzen. Seit jeher wurde er vom – seinerzeit noch gotischen – St.-Nikolaus-Dom geteilt.

Drei Seiten des Kleinseitner Rings werden von mehreren mächtigen Adelspalais beherrscht. Historische Bedeutung hat v. a. das 2009 prachtvoll renovierte **Kleinseitner Rathaus** (Nr. 21). Hier wurde 1575 die Böhmische Konfession unterzeichnet, die dem Land für 40 Jahre die Religionsfreiheit sicherte.

Touren auf der Kleinseite und im Burgviertel

Tour 

Rundgang durch die Kleinseite

1 Palais Waldstein
2 Palastgärten

Im schräg gegenüber gelegenen **Palais Smiřick** (Nr. 18) wurde im Jahr 1618 der zweite Prager Fenstersturz (› **S. 115**, Seitenblick »Prager Fensterstürze«) beschlossen. Er löste in der Folge den Dreißigjährigen Krieg aus, der bis 1648 ganz Mitteleuropa verheeren sollte. In den sich anschließenden Gebäuden sind seit einigen Jahren die Büros der tschechischen Parlamentsabgeordneten untergebracht, die im nahe gelegenen **Parlament** im Thunovský palác in der Straße Sněmovní zu ihren regelmäßigen Sitzungen zusammenkommen.

Den westlichen Abschluss des Platzes bildet das **Palais Liechten-**

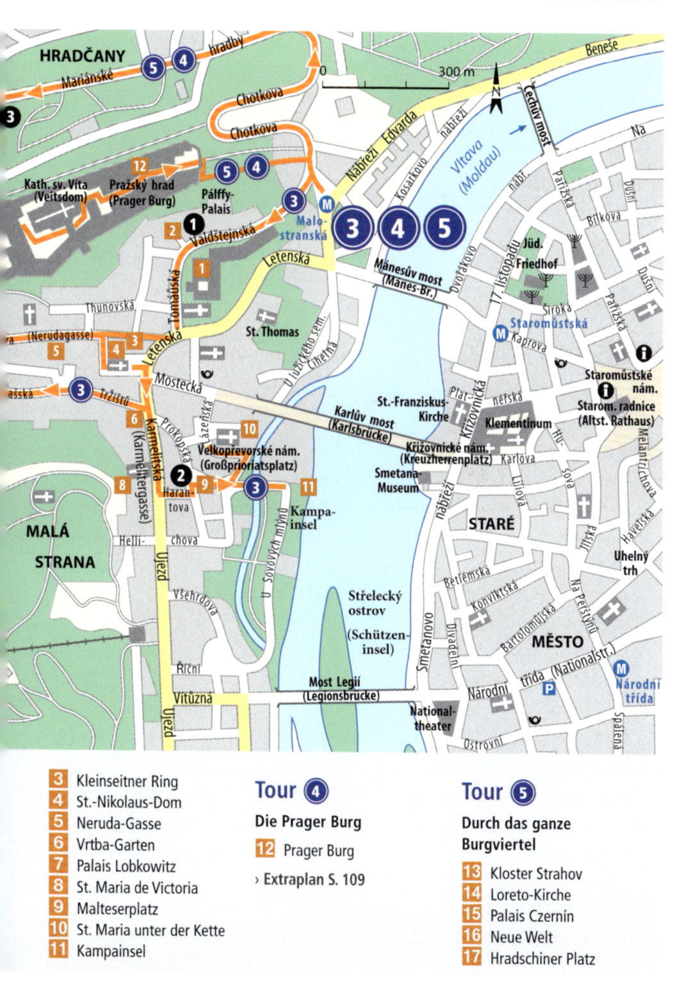

3 Kleinseitner Ring
4 St.-Nikolaus-Dom
5 Neruda-Gasse
6 Vrtba-Garten
7 Palais Lobkowitz
8 St. Maria de Victoria
9 Malteserplatz
10 St. Maria unter der Kette
11 Kampainsel

Tour 4

Die Prager Burg

12 Prager Burg

› **Extraplan S. 109**

Tour 5

Durch das ganze Burgviertel

13 Kloster Strahov
14 Loreto-Kirche
15 Palais Czernín
16 Neue Welt
17 Hradschiner Platz

stein, das fünf Bürgerhäuser in sich vereint. Zwischen 1620 und 1627 lebte hier Karl von Liechtenstein, Statthalter des Kaisers, der als brutaler Protestantenverfolger zu zweifelhafter Berühmtheit gelangte. Heute ist in dem Gebäude die Musikakademie beheimatet, entsprechend häufig werden hier klassische Konzerte gegeben.

Im Haus »Zum steinernen Tisch« in der Mitte des Kleinseitner Rings wurde 1874 das Café Radetzky eingerichtet, das sich schnell zu einem beliebten Treffpunkt der deutschsprachigen Literaten um Franz Kafka und Max Brod entwickelte. Das spätere **Kleinseitner Kaffeehaus** überstand zwar den Sozialismus, aber nicht den neuen Zeitgeist: Inzwischen hat sich hier Starbucks einquartiert, also »coffee to go« statt Kaffeehauskultur.

! Erstklassig

Romantische Orte in Prag

- Die Aussicht auf Karlsbrücke und Prager Burg kann man am besten vom **Novotný-Steg** aus genießen. › S. 87
- Es gibt kaum einen ruhigeren Ort zum Verweilen in der Natur als den versteckten **Vrtba-Garten** › S. 101.
- Der **Laurenziberg** zieht seit jeher die einheimischen Liebespaare an, die sich am 1. Mai unter den blühenden Bäumen küssen. › S. 55, 102
- Der Park im Süden der **Kampainsel** lockt mit verträumten Spazierwegen zwischen Teufelsbach und Moldau. › S. 103
- In einer idyllischen Landschaft inmitten von Weinbergen liegt **Schloss Troja** im Norden von Prag. › S. 140

St.-Nikolaus-Dom 4 ★5 [B/C4]

Das Hauptwerk des böhmischen Barock, der St.-Nikolaus-Dom (Chrám sv. Mikuláše), betritt man vom oberen Teil des Kleinseitner Rings aus. Die Kirche entstand nach Plänen von Vater und Sohn Dientzenhofer; in der kunsthistorischen Literatur hat man sie als eine »Symphonie schwingender Räume« bezeichnet. Unter Vater Christoph wurden zwischen 1703 und 1717 Hauptschiff, Seitenkapellen, Galerien und die Westfassade errichtet, Sohn Kilian Ignaz schuf 30 Jahre später den Chor und die mächtige Kuppel. 1755 fügte Anselmo Lurago den Glockenturm an, der übrigens nicht der Kirche gehört und auch über einen separaten Eingang verfügt (April–Nov. tgl. 10–18 Uhr).

Die 75 m hohe **Kuppel** wird von einem Fresko F. X. Palkos geschmückt, das Gottvater, Christus, den hl. Nikolaus, Kirchenväter, Apostel und Engel darstellt. Im **Deckenfresko** über dem Hauptschiff, das mit sage und schreibe 1500 m² zu den größten Europas zählt, zeigt Johann Lukas Kracker die Verherrlichung des Kirchenpatrons: Ein Priester verteilt gesegnetes Wasser, eine fantastische Küstenlandschaft erinnert an die damaligen Vorlieben der Prager Kaufleute. Den Sieg des katholischen Glaubens symbolisieren die überlebensgroßen Statuen der vier Kirchenväter im Chor. Mit ihren Bischofsstäben stoßen sie die Ungläubigen in die Tiefe (tgl. 9 bis 16.30, im Winter bis 15.30 Uhr).

Wenige Tage nach dem Tod von Wolfgang Amadeus Mozart fand in St. Nikolaus das erste Requiem für den in Prag so beliebten Künstler statt. Über 120 Sänger beteiligten sich daran. Oft hatte Mozart hier auf der Orgel gespielt, denn der gewaltige barocke Raum verfügt über eine hervorragende Akustik. Auch heute werden hier fast jeden Tag klassische Konzerte aufgeführt.

Kuppelfresko in St. Nikolaus

Nerudagasse 5 [B4]

Als Nabelschnur durch die Kleinseite gilt die Nerudagasse (Nerudova), die vom Kleinseitner Ring steil hinauf zur Burg ansteigt und den letzten Teil des Krönungswegs der böhmischen Könige bildete.

Heute haben sich in den vielen barocken Bürgerhäusern mit ihren schmucken Hauszeichen Souvenirgeschäfte und Restaurants eingemietet, andere wurden zu romantischen Hotels umgewandelt.

Die Gasse ist nach dem wichtigsten tschechischen Schriftsteller des 19. Jhs., Jan Neruda (1834–1891), benannt. Er lebte hier nacheinander in mehreren Häusern: zunächst in Nr. 25, dann im Haus »Zu den zwei Sonnen« (Nr. 47) und schließlich im Haus »Zu den drei schwarzen Adlern« (Nr. 43), dem jetzigen Design Hotel Neruda (€€€) mit romantischer Terrasse direkt unterhalb der Prager Burg (Nerudova 43, Tel. 257 535 557, www.designhotelneruda.com).

Buch-Tipp

Anschaulich und lebendig schildert Jan Neruda in seinen **Kleinseitner Geschichten** das Leben der Dienstboten, Händler und Studenten, der deutschen, tschechischen und jüdischen Bewohner (Vitalis 2005).

Der versteckte Vrtba-Garten 6 ★ [B/C4]

Unterhalb des Laurenzibergs liegt der Barockgarten der Familie Vrtba (Vrtbovská zahrada), der zusammen mit deren Palais 1720 von František Maxmilián Kaňka gestaltet wurde. Für viele Prager gilt er als ! der romantischste aller Prager Gärten, der glücklicherweise auch etwas abseits der ausgetretenen Touristenpfade liegt.

Die Statuen wurden von dem Bildhauer Matyáš Bernard Braun

gestaltet, die Fresken von dem Maler Václav Vavřinec Reiner. Die Gestaltung der Sala Terrena wurde bis heute nicht verändert (April–Okt. tgl. 10–19 Uhr; www.vrtbovska.cz).

Am Fuß des Laurenzibergs

Vom unteren Teil des Kleinseitner Rings führt die malerische **Karmelitergasse** (Karmelitská) durch ein Viertel, das lange Zeit unter der Verwaltung des Malteser Ritterordens stand. Rechts führt die steile Gasse Vlašská zur Deutschen Botschaft im **Palais Lobkowitz** 7 [B4].

Dessen Balkon genießt besondere Berühmtheit: Im September 1989 teilte der damalige Bundesaußenminister Genscher den etwa 4000 in die Botschaft geflohenen DDR-Bürgern mit, dass sie ungehindert in die Bundesrepublik ausreisen können. Als Symbol schuf der tschechische Künstler David Černý einen **Trabbi auf vier Beinen.** Das Original steht im Zeitgeschichtlichen Forum in Leipzig, die Kopie im Garten auf der Rückseite des Palasts (nicht zugänglich). **50 Dinge** (31) › S. 15.

St. Maria de Victoria 8 [C4]

Folgt man der Karmelitergasse weiter nach Süden, erreicht man die Wallfahrtsstätte St. Maria de Victoria (Panna Marie Vítězné). Sie wurde ursprünglich Anfang des 17. Jhs. für die in Prag ansässigen deutschen Lutheraner erbaut, ging aber nach der Schlacht am Weißen Berg (1620) in den Besitz der Karmeliterinnen über.

Die stets sehr zahlreichen Besucher kommen freilich weniger wegen des üppigen barocken Interieurs in die Kirche. Anziehungspunkt vor allem für Italiener und Spanier ist das Bambino di Praga, das **Prager Jesulein,** von dessen Wundern unzählige Votivtafeln erzählen. Die 47 cm große Wachsfigur war ein Geschenk von Polyxena von Lobkowitz an den Orden. Die 60 Kleider, die die Gläubigen dem Kind einst verehrten, werden ihm bis heute abwechselnd angezogen. Kaiserin Maria Theresia höchstselbst stiftete dem Jesulein ein Gewand. **50 Dinge** (30) › S. 15.

Wer durch die Karmelitergasse weiter Richtung Süden bis zur Straße Újezd geht, gelangt zur Talstation der **Standseilbahn auf den Laurenziberg** (Petřín) › S. 55.

Malteserplatz 9 [C4]

Der Malteserplatz (Maltézské náměstí) östlich der Karmelitergasse wird von einer Statue Johannes des Täufers dominiert (F. M. Brokoff, 1715), dem Schutzheiligen der Malteserritter. Ihr Orden hatte sich schon 1169 hier niedergelassen, um den Zugang zur einzigen Moldaubrücke zu sichern. Die Kirche **St. Maria unter der Kette** 10 [C4] (Kostel Panny Marie pod řetězem) bildete einst den Mittelpunkt ihres Klosters. Heute stehen nur noch die Außenmauern des Seitenschiffs.

An der Südseite wird der Platz vom **Palais Nostitz** (1658–1660) begrenzt, heute Sitz des Kulturministeriums. Das Rokokoportal stammt von A. Haffenecker, die Statuen der

Wassermühle im Teufelsbach, der die Kampainsel von der Kleinseite trennt

Imperatoren sind Kopien von Figuren F. M. Brokoffs.

Zwischenstopp: Restaurant

Café de Paris ❷ €€ [B4]

Tipp für Feinschmecker: Hier wird das beste Entrecôte Prags serviert.

- Maltézské nám. 4 | Tel. 603 160 718
  www.cafedeparis.cz
  Tgl. 11–24 Uhr

SEITENBLICK

Die John-Lennon-Mauer [C4]

Abseits der Touristenwege am verträumten Großprioratsplatz (Velkopřevorské náměstí) steht die John-Lennon-Gedächtnismauer. Vor der Wende versammelten sich hier am Todestag des Beatles-Musikers im Dezember seine Fans, um mit Liedern und Wandmalereien gegen die Ächtung westlicher Rockmusik im Land zu protestieren. Die kleine Demonstration wurde von der Polizei meist schnell aufgelöst, die Wand übermalt. Doch bis heute gibt es immer wieder neue Grafitti.

Kampainsel 11 ★6 [C4/5]

Die Kampa ist eine verträumte Halbinsel, gelegen unterhalb der Karlsbrücke zwischen der Moldau und ihrem Seitenarm Teufelsbach (Čertovka). Ehemals ein Armenviertel, lockt sie heute mit zahlreichen Restaurants auf dem malerischen Platz Na Kampě und kleinen Antiquitätenläden. 1996 wurden Teile des Films »Mission: Impossible« mit Tom Cruise auf der Kampainsel gedreht. Sechs Jahre später stand die ganze Kampa bei der Jahrhundertflut unter Wasser.

Sehr beliebt ist der ! Park im hinteren Teil der Insel, der einen wunderbaren Aussicht über die Moldau auf die Altstadt auf der anderen Seite ermöglicht. Kleine Boote ermöglichen zudem unerwartete Ausblicke auf das »Prager Klein-Venedig«. Eine Treppe führt von der Kampainsel zur Karlsbrücke hinauf, ein anderer Zugang liegt beim Großprioratsplatz (Velkopřevorské námestí) hinter einer noch aktiven Wassermühle.

DAS BURG-VIERTEL

Kleine Inspiration

- **An der Burgrampe** die beste Aussicht über Kleinseite und Altstadt genießen › S. 107
- **In den kleinen Häuschen** im Goldenen Gässchen nach Souvenirs stöbern › S. 116
- **Das Glockenspiel** der Loreto-Kirche zur vollen Stunde läuten hören › S. 119
- **Auf romantischen Spuren** die Künstlergasse Nový Svět erkunden › S. 121

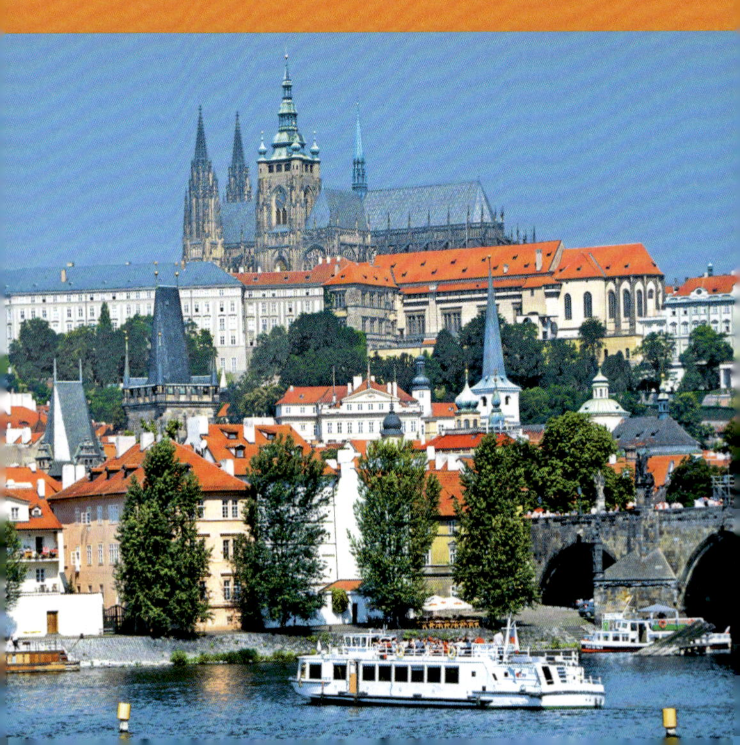

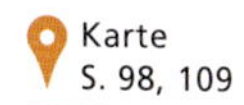
Karte
S. 98, 109

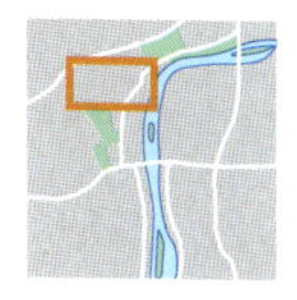

Hier erwarten Sie neben der bedeutendsten Sehenswürdigkeit des Landes auch das Kloster Strahov mit den prunkvollen Bibliothekssälen und die Loreto-Kirche mit der »Prager Sonne«.

Die Prager Burg ist unbestritten die bedeutendste historische Sehenswürdigkeit des ganzen Landes. Als Sitz von Kaisern, Königen und Präsidenten bildet sie seit mehr als 1000 Jahren das politische und kulturelle Zentrum der Nation.

Prägend für die Silhouette des Gebäudekomplexes ist der von Nicolaus Pacassi im klassizistischen Stil errichtete Flügel, der seinerseits von den Türmen des St.-Veits-Doms überragt wird. Er verleiht der 450 m langen und 150 m breiten Anlage eher den Charakter eines Schlosses als den einer Burg.

Häufig wird das Burgareal auf Deutsch Hradschin genannt in Anlehnung an das tschechische Wort Hradčany, das allerdings das ganze Burgviertel und nicht nur die Burg bezeichnet. Dieser Stadtteil wird durch eine Vielzahl von Adelspalästen und einigen Botschaften charakterisiert. Neben der Burg selbst zählen insbesondere das Strahov-Kloster und das Loreto-Heiligtum zu den Highlights des Viertels.

Auf der Burg kann man leicht einen ganzen Tag verbringen, das Minimum sollten aber drei Stunden sein. Die Burg hat täglich geöffnet, meiden Sie aber besser den Samstagvormittag mit seinen Unmengen an Reisegruppen und den langen Schlangen vor dem St.-Veits-Dom. Am Sonntagvormittag ist der Dom für Touristen geschlossen; selbstverständlich sind aber Besucher zu den Messen (8, 9.30, 11 Uhr) willkommen. Romantisch ist ein Besuch der Burganlage am Abend, auch wenn die Einrichtungen dann bereits geschlossen sind.

Blick über Moldau und Kleinseite hinauf zur Prager Burg

Die jeweils zwei Tage gültigen Kombitickets zu 250 bzw. 350 Kč für eine kleine oder große Tour beinhalten neben Einrichtungen wie dem Alten Königspalast und dem Südturm des ansonsten eintrittsfreien Doms das Goldene Gässchen, für welches keine Einzeltickets erhältlich sind. Der prunkvolle Spanische Saal ist jedoch nur bei kulturellen Anlässen wie Konzerten und Galadinners zugänglich. Nur zweimal im Jahr sind alle Innenräume der Prager Burg (sogar gratis) zugänglich; meist am Samstag nach dem 8. Mai und dem 28. Oktober; die genauen Tage werden vorher bekannt gegeben.

Zu erreichen ist das Burgareal am besten mit der Straßenbahnlinie 22, die von der Metrostation Malostranská zwei Haltestellen zur Burg hochfährt. Wer mag, kann auch gerne dem Krönungsweg folgen und über die Karlsbrücke durch die Kleinseite entlang der Nerudova zur Burg aufsteigen.

Touren im Burgviertel

Die Prager Burg 12 7 [B/C3]

Verlauf: **Hradschiner Platz › Prager Burg**

Karte: Seite 109
Dauer: 3 Std. zu Fuß
Praktische Hinweise:

- Am besten nachmittags, wenn der größte Ansturm vorbei, aber alles noch geöffnet ist.
- Ausgangs- und Endpunkt ist die Ⓜ Malostranská unterhalb der Burg auf der Kleinseite. Von hier fährt die Straßenbahnlinie 22 bis zur Prager Burg (Haltestelle Pražský hrad). Der Rückweg zur Metrostation erfolgt zu Fuß.

Tour-Start:

Wer nur wenig Zeit für einen Besuch auf der Prager Burg (Pražský hrad) hat, geht kurz vor dem nördlichen Eingang des Burgareals rechts in den Basteigarten und von dort auf den Hradschiner Platz (Hradčanské náměstí) › **S. 121**, wo man noch die herrliche Aussicht über die Stadt genießen kann, bevor man mit der eigentlichen Besichtigung beginnt.

Info

Öffnungszeiten der Einrichtungen: April bis Okt. tgl. 9–18, Nov.–März 9–16 Uhr; Öffnungszeiten Areal: April–Okt. 5–24, Nov.–März 6–23 Uhr

Geschichte

Im letzten Viertel des 9. Jhs. gründete Fürst Bořivoj I. aus dem Geschlecht der Přemysliden auf einem Felsen über der Moldau die Prager Burg. Oberhalb der schnell wachsenden Stadt, durch die wichtige europäische Handelswege führten, entstand zur gleichen Zeit auch das zweite christliche Heiligtum des Landes, die heute nicht mehr erhaltene Marienkirche. Von Anbeginn an war die Burg daher auch ein kirchliches Machtzentrum.

Zwischen 915 und 921 wurde die Georgskirche errichtet, von 926 bis 929 die St.-Veits-Rotunde, an deren Stelle im 11. Jh. eine romanische Basilika entstand. Mit der Erhebung der Burg zum Bischofssitz 973 setzte Rom ein Symbol für eine systematische Christianisierung der noch weitgehend heidnischen Slawen. Als Vladislav II. 1158 König von Böhmen wurde, gestaltete er seinen Fürstensitz zum repräsentativen Königspalast um.

Unter Kaiser Karl IV. (1346 bis 1378), der Prag zum Zentrum des Heiligen Römischen Reichs erhob, wurden die Weichen für die weitere architektonische Entwicklung der Stadt gestellt: Er ließ die Residenz großzügig ausbauen und legte den Grundstein für den St.-Veits-Dom.

Seine Nachfolger zeigten allerdings weniger Interesse an der Burg und residierten stattdessen im Königshof in der Altstadt. Erst König

Zwei kämpfende Giganten als Wächter des ersten Burghofs

Vladislav II. Jagiello zog Ende des 15. Jhs. wieder auf die Burg und veranlasste deren Erweiterung.

Die Renaissance hielt im großen Stil unter den Habsburgern Einzug, die 1526 den böhmischen Thron bestiegen. Unter Kaiser Rudolf II. (1576–1612), der die wissenschaftliche und künstlerische Elite Europas an seinem Hof versammelte und den spanischen Saal und die Rudolf-Galerie in der Burg errichten ließ, wurde Prag noch einmal zum Mittelpunkt des Heiligen Römischen Reichs Deutscher Nation – allerdings nur für kurze Zeit.

Nach dem Dreißigjährigen Krieg verlegten die habsburgischen Kaiser ihren Sitz endgültig nach Wien, und Prag erfreute sich in den folgenden Jahrhunderten nur noch gelegentlicher Herrscherbesuche. Immerhin gab Maria Theresia, die sich 1743 in Prag zur Königin krönen ließ, den Auftrag zu den Umbauten, die das Erscheinungsbild der Burg bis heute bestimmen. Seit 1918 residiert dort der Staatspräsident.

Die **Burgrampe** ist wohl der am meisten besuchte Aussichtspunkt des Landes. Hier mündet die Nerudagasse › **S. 101** in den Hradschiner Platz. Von der Rampe aus bietet sich ein herrlicher Ausblick auf die Stadt und auf den Laurenziberg.

Die Burghöfe

Der **erste Burghof** (»Ehrenhof«) **A**, den zwei kämpfende Giganten von Ignaz Platzer (zweite Hälfte des 18. Jhs., seit 1912 Kopien) bewachen, entstand zwischen 1756 und 1774 nach einem Entwurf von Maria Theresias Hofarchitekten Nicolaus Pacassi. In den einfach gehaltenen Bau, der das Areal nach Westen hin abschließt, wurde das im Stil des norditalienischen Manierismus gehaltene Matthiastor von 1614 mit einbezogen.

Das Westportal des St.-Veits-Doms

Die feierliche Wachablösung mit Fanfaren findet täglich um 12 Uhr im ersten Burghof statt und dauert eine knappe Viertelstunde.

Auch der **zweite Burghof** Ⓑ, der in der zweiten Hälfte des 16. Jhs. über dem zugeschütteten Burggraben angelegt wurde, erhielt sein endgültiges Aussehen durch Nicolaus Pacassi. Das Erdgeschoss des Nord- und des Westflügels wurde 1964 zur **Burggalerie** zusammengefasst, in der u.a. Werke aus der berühmten Rudolfinischen Sammlung zu sehen sind (tgl. 9–17, im Winter bis 16 Uhr). Der **Spanische Saal** und die Rudolf-Galerie in den oberen Etagen dienen der Regierung als Repräsentationsräume und sind der Öffentlichkeit nur selten zugänglich.

Den südlichen Bereich des Hofs bestimmt die von Anselmo Lurago errichtete **Heiligkreuzkapelle,** die den Domschatz mit Reliquien und liturgischen Gegenständen aus der Zeit Karls IV. beherbergt, darunter das Kettenhemd des hl. Wenzel.

Der **dritte Burghof** Ⓒ gehört zum ältesten Teil der Burganlage. Bei Ausgrabungen wurden hier Überreste der ursprünglichen Bauten aus dem 9. Jh. gefunden. Seine jetzige Form erhielt der Hof 1928 vom slowenischen Architekten Jože Plečník.

Der **Obelisk** in der Hofmitte war ein Geschenk zum zehnjährigen Jubiläum der Entstehung der Tschechoslowakischen Republik 1928. Die **Reiterstatue des hl. Georg** (geschaffen von Georg und Martin von Klausenburg; 1373) gilt als Meisterwerk gotischer Bildhauerkunst.

St.-Veits-Dom Ⓓ ★

Die gesamte Burganlage wird vom St.-Veits-Dom überragt. Mit seinem 124 m langen und 33 m hohen Innenraum ist er zugleich Metropolitankirche und Grabstätte weltlicher Herrscher. Im Dom vereinen

Ⓐ Erster Burghof
Ⓑ Zweiter Burghof
Ⓒ Dritter Burghof
Ⓓ St.-Veits-Dom
Ⓔ Alter Königspalast
Ⓕ St.-Georgs-Basilika
Ⓖ Goldenes Gässchen
Ⓗ Alte Schlossstiege
Ⓘ Wallgarten
Ⓙ Schloss Belvedere
Ⓚ Hirschgraben

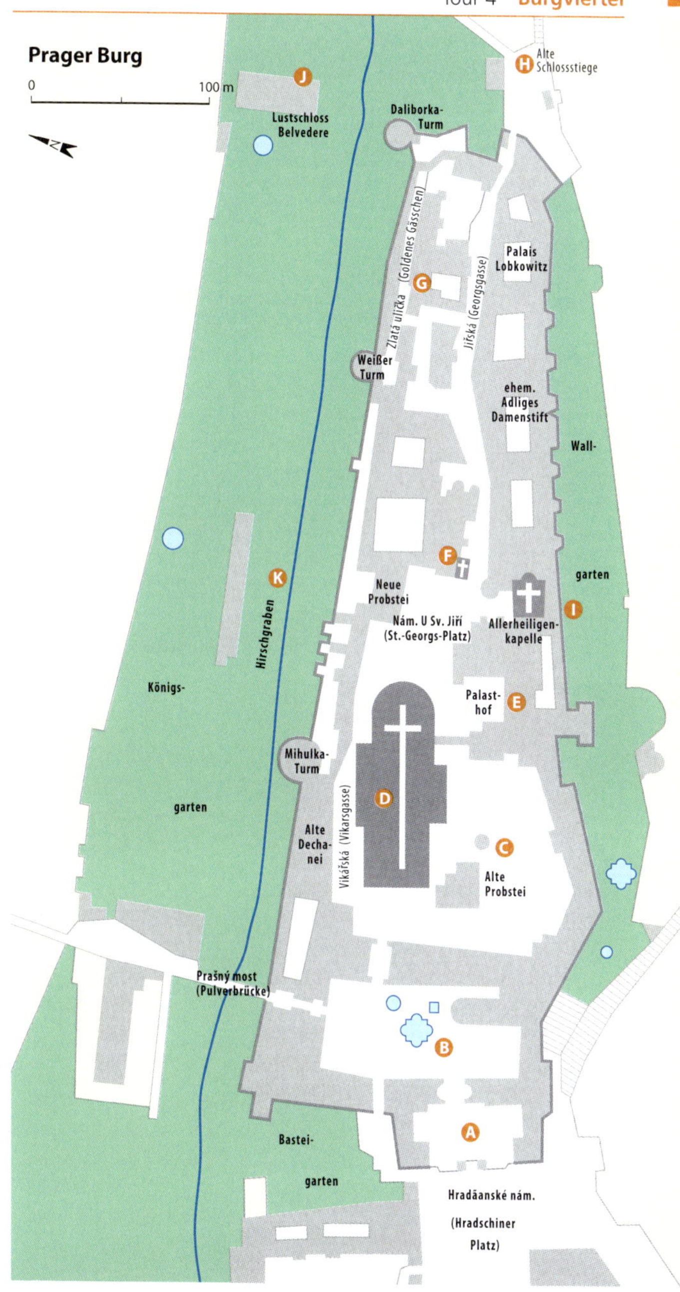

Prager Burg
0
100 m
J
Lustschloss Belvedere
Daliborka-Turm
H Alte Schlossstiege
Zlatá ulička (Goldenes Gässchen)
G
Jiřská (Georgsgasse)
Palais Lobkowitz
Weißer Turm
ehem. Adliges Damenstift
Wall-
garten
F
K
Hirschgraben
Neue Probstei
Nám. U Sv. Jiří (St.-Georgs-Platz)
Allerheiligen-kapelle
I
Königs-
garten
Palast-hof
E
Mihulka-Turm
D
Vikářská (Vikarsgasse)
Alte Decha-nei
C
Alte Probstei
Prašný most (Pulverbrücke)
B
A
Bastei-
garten
Hradäanské nám.
(Hradschiner Platz)

sich drei Stilepochen – Gotik, Renaissance und Barock – zu einem harmonischen Gesamtkunstwerk, das auch Raum für Werke moderner Künstler bietet.

Baugeschichte

Die erste Bauetappe (1344–1352) des gotischen Doms, der auf den Überresten zweier romanischer Vorgängerbauten errichtet wurde, leitete der französische Architekt Matthias von Arras. Ihm folgten als Baumeister bis 1399 Peter Parler und dessen Söhne. In dieser Zeit entstanden der Ostteil mit dem von einem Netzrippengewölbe überspannten Chor, der von einem Kranz von Kapellen umgeben ist, sowie ein Teil des Glockenturms mit der Goldenen Pforte, durch die man im Mittelalter den Kirchenraum betrat. Die große, sich verjüngende dreiteilige Bogenhalle, die ihren Abschluss ebenfalls in einem Netzrippengewölbe findet, gilt als eine der wichtigsten Arbeiten Peter Parlers.

Die Hussitenkriege verzögerten die Vollendung der Kathedrale um anderthalb Jahrhunderte. Man weihte den Chor und schloss ihn mit einer provisorischen Mauer ab. Später erhielt der bis dahin 56 m hohe Turm seinen Renaissancehelm, Pacassi fügte 1770 die barocke Zwiebelkuppel hinzu. Der mächtige Südturm mit seinen 287 Stufen erreicht eine Höhe von 96,5 m; 18 t schwer ist »Sigmund«, die größte Glocke Böhmens.

Der gesamte Westteil (Langhaus, Türme, Haupteingang) wurde erst

SEITENBLICK

Prager Baumeister

Zum Nachfolger des verstorbenen Dombaumeisters Matthias von Arras machte Karl IV. 1356 den jungen **Peter Parler** (1330–1399), der aus einer der berühmtesten deutschen Baumeister- und Bildhauerfamilien stammte. Die von ihm und seiner Bauhütte entwickelte »Parler-Gotik« wurde für ganz Europa stilbildend. Der im St.-Veits-Dom bestattete Baumeister hinterließ fünf Söhne, die sich in der Nachfolgeführung seiner Bauhütte ablösten.

Die zweite große deutsche Baumeisterfamilie, die das architektonische Gesicht Prags entscheidend mitgeprägt hat, sind die Dientzenhofers. Der aus Bayern stammende **Christoph Dientzenhofer** (1655–1722) avancierte in Prag – gemeinsam mit Johann Bernhard Fischer von Erlach – zum »Vater des deutschen Spätbarock«. Sein Meisterstück ist der barocke Prunkbau des St.-Nikolaus-Doms auf der Kleinseite › **S. 100**, den er zusammen mit seinem Sohn verwirklichte.

Dieser Sohn, der in Prag geborene **Kilian Ignaz Dientzenhofer** (1689–1751) war nach längeren Studienaufenthalten in Wien, Paris und Italien in seine Heimatstadt zurückgekehrt, um hier ab 1720 zum ungekrönten Meister des böhmischen Spätbarock aufzusteigen. Obwohl er auch zahlreiche Profanbauten entwarf (z. B. die Villa Amerika und das Palais Sylva-Tarouca), galt sein hauptsächliches Interesse immer der sakralen Baukunst, in der er seine Genialität voll entfalten konnte.

Blick ins Gewölbe des St.-Veits-Doms

zwischen 1873 und 1929 von Josef Mocker und Kamil Hilbert in Anlehnung an den Ostteil errichtet.

Rundgang

Heute betritt man den Dom von seiner jüngsten Seite her, der **Westfassade**. Die Bronzetüren zeigen Szenen aus der Baugeschichte sowie Motive aus den Wenzels- und Adalbert-Legenden. Im Inneren fällt der Blick zunächst auf die großen Farbfenster, die von führenden tschechischen Künstlern (Max Švabinský, Alfons Mucha) ausgeführt wurden. Über der Pfeilerarkade verläuft das (nicht zugängliche) **Triforium,** ein Innenumgang mit einer Galerie von Porträtbüsten, die Herrscher und Dombauherren der böhmischen Geschichte darstellen. Die meisten Büsten im Chor stammen aus der Parlerschen Bauhütte und zählen zu den wichtigsten Zeugnissen mittelalterlicher Bildhauerkunst.

Der von 28 Pfeilern getragene Innenraum wird vom neugotischen **Hauptaltar** beherrscht. Das ihm vorgelagerte königliche **Mausoleum** (1566–1589) errichtete Alexander Collin aus weißem Marmor als Grabstätte für den ersten Habsburger auf dem böhmischen Thron, Ferdinand I., seine Frau Anna sowie seinen Sohn Maximilian II.

Die frühbarocke **Kanzel** stammt aus der Werkstatt Kaspar Bechtelers. Die **Orgelempore** schuf 1557 Bonifaz Wohlmut, die im Jahr 1757 installierte Orgel hat 6500 Pfeifen.

In die Kapellen des Chors wurden die Sarkophage der ersten böhmischen Fürsten und Könige aus dem Geschlecht der Přemysliden überführt und mit Grabplatten aus der Parlerschen Bauhütte versehen. Hier stehen das Denkmal des Kardinals F. J. Schwarzenberg (J. V. Myslbek; 1895) und daneben das Holzrelief **»Flucht des Winterkönigs«** (Kaspar Bechteler; 1631). Die **Heiligkreuzkapelle** gewährt den Zugang zur Königsgruft in der **Krypta**. Dort fanden böhmische Herrscher wie Karl IV., sein Sohn Wenzel IV. und Jiří z Poděbrad sowie Kaiser Ru-

Die Wenzelskapelle im St.-Veits-Dom

dolf II., bestattet in Sarkophagen, ihre letzte Ruhestätte.

Das **Königliche Oratorium** rechts des Hauptaltars schuf der Frankfurter Hans Spieß 1493 im Auftrag Vladislavs II. Jagiello, dessen Monogramm auf den hängenden Schlusssteinen gut zu sehen ist. Die Länder, über die dieser Jagiellonenkönig damals herrschte, repräsentiert die Wappenreihe auf dem Geländer.

Von den 21 Kapellen ist die **Wenzelskapelle** (sv. Václav, erste Kapelle des Chors von rechts) die kulturhistorisch bedeutendste. Errichtet wurde sie von Peter Parler über der Grabstätte des böhmischen Schutzpatrons. Der untere Bereich der Kapellenwände ist mit einem Mosaik von etwa 1300 geschliffenen und polierten Halbedelsteinen bedeckt, das von Darstellungen des Leidens Christi unterbrochen wird. Ein Freskenzyklus zum Leben des hl. Václav, den der Meister von Leitmeritz schuf, nimmt den oberen Teil der Wände ein. Die Václav-Statue schuf Heinrich Parler 1373, der Bronzeleuchter (1532) stammt von dem Nürnberger Bildhauer Hans Vischer.

Vor der Wenzelskapelle liegt das Grabmal des Grafen Leopold Schlick (1723), nicht weit entfernt

ist das silberne Grabmal des hl. Johannes von Nepomuk (1736; beide Fischer von Erlach).

An der Rückwand der Wenzelskapelle führt eine Treppe zur **Schatzkammer** des Doms. Der mit sieben Schlössern gesicherte Raum beherbergt die Krönungskleinodien der böhmischen Könige, die der Öffentlichkeit nur zu besonderen Anlässen präsentiert werden.

Auf der Südseite der Kathedrale oberhalb eines nicht mehr genutzten Ausgangs ist die **Goldene Pforte** zu sehen, ein künstlerisch wertvolles Mosaik mit einer Darstellung des Jüngsten Gerichts. Jahrhundertelang mit einer witterungsbedingten Oxidationsschicht überzogen, wurde es erst im Jahr 2000 vollständig freigelegt. **50 Dinge** (32) › **S. 15**.

Den südlichen Anbau der Kathedrale bildet die **Alte Probstei**. Ihr gegenüber liegt der von Nicolaus Pacassi gestaltete Flügel des Burghofs, der heute die **Kanzlei des Präsidenten der Republik** beherbergt.

Alter Königspalast E 

Für die Baugeschichte dieses imposanten Architekturensembles, das den dritten Burghof nach Osten abschließt, gilt Ähnliches wie für die des Doms: Jahrhunderte wurde an seiner Fertigstellung gearbeitet. Den ursprünglichen, teilweise noch aus Holz und Lehm errichteten Fürstensitz löste im 11. Jh. eine romanische Burg ab. Karl IV. ließ die Anlage wesentlich erweitern, und unter Vladislav II. Jagiello erhielt sie ihr heutiges Aussehen, das weitgehend vom Stil der Renaissance geprägt ist.

Vom 11. bis zum 16. Jh. diente der Palast den böhmischen Herrschern als Residenz, danach war er für mehr als 200 Jahre Sitz der obersten Landesbehörde. Im 19. Jh. wurden seine Räume nur noch gelegentlich zu repräsentativen Anlässen genutzt.

Vor dem Eingang steht der von Francesco Caratti entworfene **Adlerbrunnen** von 1664. Vom Vorsaal, in dem noch Mauerwerk der ersten Befestigungsanlage zu sehen ist, geht es links durch die **Grüne Stube**, einen ehemaligen Gerichtssaal, ins Vladislav-Schlafgemach.

Meisterwerk des 15. Jhs.: der Vladislav-Saal

Geradeaus kommt man in den von Benedikt Ried zwischen 1493 und 1502 errichteten **Vladislav-Saal,** in dem bis zur Direktwahl durch das Volk 2013 die Wahl des tschechischen Staatspräsidenten stattfand. Schon das Rippengewölbe galt im späten Mittelalter als eine architektonische Meisterleistung. Aber erst recht die Dimensionen des Saals – 62 m lang, 16 m hoch, 13 m breit – waren atemberaubend und ließen ihn zum Schauplatz sogar von Ritterturnieren werden. Für die Pferde legte man deshalb eigens eine Reitertreppe an.

Der südliche Erweiterungsbau ist der sogenannte **Ludwigsflügel** (B. Ried; 1502–1509), der die Böhmische Kanzlei beherbergte. Er ging in die europäische Geschichte ein, als protestantische Adelige am 23. Mai 1618 die Statthalter des katholischen Kaisers, Jaroslav Bořita z Martinic und Vilém Slavata z Chlumu, sowie ihren Sekretär Philipp Fabricius aus den Fenstern stürzten und damit den Dreißigjährigen Krieg auslösten (› **S. 115,** Seitenblick »Prager Fensterstürze«).

Wie die Sache für die Beteiligten ausging, kann man sich in der oberen Etage vergegenwärtigen, die über eine Wendeltreppe zu erreichen ist. Diese führt in die **Reichshofratsstube,** wo den 27 Anführern der protestantischen Fraktion das Todesurteil verkündet wurde.

An der Stirnseite des Vladislav-Saals führen einige Stufen zur **Allerheiligenkapelle** hinauf, die ursprünglich von Peter Parler zwischen 1370 und 1387 erbaut wurde. Durch den großen Brand von 1541 wurde sie jedoch zerstört und danach im Renaissancestil wieder aufgebaut. Der Altar auf der Nordseite birgt die Reliquien des hl. Prokop.

Hinter der Tür an der Nordostseite des Vladislav-Saals liegt der **Landtagssaal,** der seine jetzige Form dem Umbau durch Bonifaz Wohlmut 1559–1563 verdankt. Schon unter Karl IV. tagte hier das Landesgericht. Das Interieur stammt aus dem 19. Jh.: Neben dem König saß der Erzbischof, gegenüber nahmen die Mitglieder des Adels und die Ritter Platz. Die Vertreter der Städte mussten auf der Holztribüne stehen, die Renaissancetribüne gehörte dem obersten Schreiber.

Am Ende der Reitertreppe gelangt man über eine Treppe ins Untergeschoss mit dem gotischen Teil des Palasts sowie in die romanischen Räume mit den Resten der ersten Befestigungsanlage.

Im unteren Teil des Königspalasts links vom Haupteingang zeigt die Ausstellung **»The Story of Prague Castle«** anhand von interessanten Exponaten die Geschichte der Prager Burg (tgl. 9–17, im Winter bis 16 Uhr).

Von der Vikarsgasse (Vikářská) hinter dem St.-Veits-Dom hat man Zugang zum **Mihulka-Turm,** den Vladislav II. Jagiello um 1492 zur Sicherung der nördlichen Befestigung anlegen ließ.

Am St.-Georgs-Platz

Die Vikarsgasse führt hinter dem Dom an der Neuen Probstei vorbei zum St.-Georgs-Platz mit der **St.-Georgs-Basilika** F. Die Kirche aus der Zeit um 915 ist der bedeutendste romanische Bau Prags, trotz ihrer barocken Westfassade (um 1670). Einen Eindruck von ihrer ursprünglichen Gestalt erhält man erst im Innern, das 1960 originalgetreu rekonstruiert wurde. Die Arkaden stammen noch aus dem 10. und 11. Jh., vor dem Chor stößt man auf

SEITENBLICK

Prager Fensterstürze

Der **Erste Prager Fenstersturz** ereignete sich am 30. Juli 1419, vier Jahre nach der Verbrennung des Prager Reformators Jan Hus auf dem Konstanzer Scheiterhaufen, als zahlreiche Hussiten von der Kirche Maria Schnee zum Neustädter Rathaus zogen, um dort gegen die Inhaftierung von Glaubensgenossen zu protestieren. Als sie mit einem Steinwurf empfangen wurden, stürmte eine Abordnung die Ratsstube und warf die Stadtoberen zum Fenster hinaus – geradewegs auf die Spieße und Lanzen der unten wartenden Menge. Das war der blutige Auftakt der Hussitischen Revolution, die das blühende Land verheerte.

Der **Zweite Prager Fenstersturz** war der folgenreichste: Am 23. Mai 1618 warfen protestantische Adelige im Handgemenge zwei Statthalter seiner katholischen Majestät Ferdinands II. und einen Sekretär aus einem Fenster der Prager Burg. Sie überlebten, doch die Folgen waren umso schlimmer: Der Dreißigjährige Krieg brach aus und bescherte ganz Europa eine Epoche ständiger Verwüstungen. Nach der Schlacht am Weißen Berg 1620 wurden 22 tschechische und fünf deutsche oppositionelle Herren auf dem Altstädter Ring öffentlich hingerichtet.

Der **Dritte Prager Fenstersturz** liegt bald 70 Jahre zurück: Am 10. März 1948 stürzte Jan Masaryk, Sohn des Republikgründers Tomáš G. Masaryk und amtierender Außenminister, aus dem Fenster seines Büros im Palais Czernín. Bis heute ist nicht geklärt, ob es Selbstmord oder eine politische Liquidierung war. Vieles spricht für die letztere Version: Jan Masaryk war als einziger Nichtkommunist 1948 im Kabinett von Klement Gottwald verblieben.

die Grabsteine der Přemyslidenfürsten Vratislav I. und Boleslav II.; im Chor selbst sind romanische Fresken zu sehen. Neben der Basilika gründete Mlada, die Schwester Boleslavs II., im Jahr 973 das erste Kloster Böhmens, ein Benediktinerinnenstift. Jahrelang zeigte die Nationalgalerie hier böhmische Kunst des 19. Jhs., doch mittlerweile lässt der Zustand des Gebäudes den Betrieb nicht mehr zu.

Vom Georgsplatz führt die Georgsgasse (Jiřská) am ehemaligen **Adligen Damenstift** und am **Palais Lobkowitz** vorbei zur Alten Schlossstiege.

Goldenes Gässchen Ⓖ ★

Auf halbem Weg entlang der Georgsgasse führen links Stufen hinauf zu einer Zeile kleiner Häuser, die im 16. Jh. als Unterkunft für Burgwachen und Handwerker an die Burgmauer gebaut wurden. Die weit verbreitete Meinung, dass Rudolf II. hier Alchimisten untergebracht hatte, die seine Staatskasse auffüllen sollten, ist eher eine Legende.

Ihrem Namen wird die – tagsüber kostenpflichtige – Gasse gerecht, denn der Touristenstrom macht aus den Souvenirläden in der Tat wahre Goldgruben. Nach einer längeren Renovierung wurde das Goldene Gässchen 2011 um eine Dauerausstellung erweitert.

Im **kleinen blauen Haus** mit der Nr. 22 wohnte 1917 vorübergehend Franz Kafka, um in der damaligen Ruhe und Abgeschiedenheit an seinem Buch »Ein Landarzt« zu schreiben. **50 Dinge** ㊲ › **S. 16.** Der **Daliborka-Turm** am Ende des Gässchens wurde nach einem einst hier eingekerkerten Ritter benannt, dem Bedřich Smetana eine Oper widmete.

Das Kafka-Häuschen im Goldenen

Als Gefängnis und Schuldturm diente auch der gegenüberliegende **Weiße Turm**.

Alte Schlossstiege Ⓗ

Vom Goldenen Gässchen aus erreicht man durch die Befestigungsanlage der Burg die Alte Schlossstiege. Ein Weg führt durch den wiederbelebten Weinberg des hl. Wenzel; dort wird wieder Pinot

Gässchen beherbergt heute die Buchhandlung des Vitalis-Verlags

Noir angebaut. Die Schlossstiege führt hinunter zur Metrostation Ⓜ Malostranská. **50 Dinge** ③ › S. 12.

Die Burggärten

Wallgarten I

Im Sommer lohnt sich der Besuch des Wallgartens, der sich entlang der Frontseite der gesamten Burganlage schlängelt (Juni–Aug. tgl. 10 bis 21, Mai und Sept. bis 19, April und Okt. bis 18 Uhr). Von hier hat man einen herrlichen Blick auf die Kleinseite und die Palastgärten unterhalb der Burg, die auch von hier aus besucht werden können.

Schloss Belvedere J und Königsgarten

Am nördlichen Zugang zum Areal der Prager Burg liegt der Königsgarten mit dem **Lustschloss der Königin Anna** (Letohrádek královny Anny). Das auch »Schloss Belvedere« genannte Renaissancegebäude ließ König Ferdinand I. zwischen 1536 und 1560 nach einem Entwurf von Paolo della Stella für seine Frau Anna errichten. Allerdings konnte die Königin die Fertigstellung nicht mehr erleben. Leider ist das Schloss nur gelegentlich für Ausstellungen geöffnet.

Vom Belvedere bis zum Eingang der Prager Burg verläuft der 1534 errichtete **Königsgarten** (Juni, Juli tgl. 10–21, Aug. bis 20, Mai, Sept. bis 19, April, Okt. bis 18 Uhr). Direkt gegenüber dem Lustschloss steht als kleine Attraktion die Singende Fontäne aus Metallglocken (1568). Ein weiteres interessantes Gebäude innerhalb des Königsgartens ist der **Ballsaal** (Míčovna) mit seiner Sgraffito-Fassade.

Gegenüber dem Ausgang des Königsgartens befindet sich die barocke **Reitschule** aus dem 17. Jh., in der heute wechselnde Ausstellungen gezeigt werden.

Zwischenstopp: Restaurant

Lví dvůr (Löwenhof) 3 €€€ [B3]
Im Restaurant direkt an der Straßenbahnhaltestelle Pražský hrad genießen nicht nur Gäste des Präsidenten Spanferkel nach einem mittelalterlichen Rezept.

- U Prašného mostu 6 | Hradčany
  Tel. 224 372 361
  www.lvidvur.cz | tgl. 11-23 Uhr

Hirschgraben K

Die Möglichkeit zu einem intimen Spaziergang in schöner Naturlandschaft bietet sich im Hirschgraben, der parallel zur Prager Burg zwischen Burg und Königsgarten verläuft (Juni, Juli tgl. 10–21, Aug. bis 20, Mai, Sept. bis 19, April, Okt. bis 18 Uhr).

Am besten beginnt man an der Straße Kanovnická am nordwestlichen Ende des Hradschiner Platzes. Der teilweise befestigte Weg führt die Besucher in eine unerwartet ruhige Welt voll wilder Fauna – ein Gegenstück zum gepflegten Königsgarten. **50 Dinge ⑦ › S. 12.**

Bemerkenswert ist der 84 m lange, gewölbte Fußgängertunnel unterhalb der Pulverbrücke, auf der die Touristen in die Burg strömen. Er ist mit roten Klinkersteinen ausgekleidet und bietet Platz für Fußgänger und das Flüsschen Brusnice.

Am unteren Ende des Tunnels führt der Hirschgraben weiter bis zur Ⓜ Malostranská.

Durch das ganze Burgviertel

Verlauf: Pohořelec › Kloster Strahov › Loreto › Hradschiner Platz › Prager Burg

Karte: Seite 98
Dauer: 5–6 Std. zu Fuß
Praktische Hinweise:

- Diese längere Tour erweitert den zuvor beschriebene Weg durch die Prager Burg um die Sehenswürdigkeiten jenseits des Burgareals.
- Ausgangspunkt ist die Ⓜ Malostranská, von der aus man mit der Straßenbahnlinie 22 bis zum Platz Pohořelec fährt.
- Für den Rückweg zur Metrostation nach der Besichtigung der Burg bietet sich von April bis Oktober als grüne Alternative der Weg durch den Wallgarten und die Palastgärten unterhalb der Burg an. Von der Valdštejnská gelangt man dann wieder zur Ⓜ Malostranská.

Der Philosophische Saal im Kloster Strahov

Tour-Start: Kloster Strahov 13 ★8 [A4]

Pohořelec, »Brandstätte«, heißt der Platz, an dem man die Straßenbahn verlässt, denn immer wieder hat es hier oben Feuer gegeben, stets aufs Neue wurden nicht nur die Häuser der Burgstadt, sondern auch das Prämonstratenserkloster Strahov (Klášter na Strahově) zerstört. Anstelle der ursprünglich romanischen Klostergebäude, mit deren Errichtung 1140 begonnen wurde, erhebt sich daher heute eine barocke Anlage, deren Hauptanziehungspunkt die im 17. und 18. Jh. entstandenen **Bibliothekssäle** sind. Der mit Stuck reich verzierte ältere theologische Saal entspricht noch ganz einer mittelalterlichen Klosterbibliothek.

Vom Geist der Aufklärung durchdrungen ist dagegen der Philosophische Saal. Sein Deckenfresko »Streben der Menschheit nach Erkenntnis« schuf 1794 der Wiener Maler Anton F. Maulpertsch (tgl. 9–12, 13–17 Uhr). Das Kloster birgt außerdem das Museum des tschechischen Schrifttums und eine hochkarätige Gemäldegalerie.

In der barocken **Maria-Himmelfahrts-Kirche,** ursprünglich eine dreischiffige romanische Basilika, liegt der hl. Norbert begraben. Die Prämonstratenser ließen die Reliquien ihres Ordensgründers 1627, während des Dreißigjährigen Krieges, aus seinem Erzbistum Magdeburg nach Prag überführen.

Rund um den Loreto-Platz

Loreto-Kirche 14 ★ [A4]

Der Weg vom Kloster hinunter zur Burg führt zunächst zur weltbekannten Wallfahrtsstätte Loreto, die

Casa Santa der Loreto-Kirche

im Zuge der Gegenreformation von Benigna Katerina von Lobkowitz gestiftet wurde (April–Okt. tgl. 9 bis 17, Nov.–März 9.30–16 Uhr, www.loreta.cz).

Den religiösen und architektonischen Mittelpunkt des Heiligtums bildet die **Casa Santa** (Giovanni Battista Orsini, 1631), eine Nachbildung der im mittelitalienischen Loreto von Bramante errichteten Wallfahrtskapelle.

Der Legende nach handelt es sich um das Wohnhaus Marias, das im Jahr 1295 von Engeln in einen Lorbeerhain (Lauretum) bei Ancona getragen worden sein soll. Das Gnadenbild, eine geschnitzte Marienstatue, steht hinter einer Silberrahmung.

Zum Schutz der Wallfahrer wurden zunächst Wandelgänge um die Casa Santa errichtet, in die dann der Baumeister Christoph Dientzenhofer 1722 die **Kirche Christi Geburt** eingliederte. Wegen ihrer überreichen Ausstattung gilt sie als die anmutigste Barockkirche Prags.

Die Schatzkammer im ersten Stock der Loreto-Kirche beherbergt neben Messgewändern und verschiedenen liturgischen Gegenständen wertvolle Monstranzen des 16. bis 18. Jhs., darunter die berühmte **Prager Sonne,** eine Diamantenmonstranz. Die Goldschmiede Matthias Stegner und Johann Baptist Känischbauer schufen das Meisterwerk 1699. Seine Strahlen sind ebenso wie die Heiligenscheine von Maria und Gottvater mit 6222 Diamanten geschmückt, ein Geschenk der böhmischen Adelsfamilie Kolowrat.

Palais Czernín 15 [A4]

Das monumentale Bauwerk auf der gegenüberliegenden Seite des Loreto-Platzes ist das Czernín-Palais, das auf Entwürfe des frühbarocken Architekten Francesco Caratti zurückgeht (1669–1692). Er orientierte sich dabei an der palladianischen Bauweise.

Dem adeligen Bauherrn Humprecht Johann Graf Czernín von Chudenitz, seines Zeichens kaiserlicher Gesandter in Venedig, war allerdings wenig Glück beschieden: Sein ehrgeiziges Bauvorhaben oberhalb der Prager Burg brachte ihn nicht nur um die Gunst seines Dienstherrn Leopold I., sondern trieb ihn auch an den Rand des finanziellen Ruins. Weder er noch sein Sohn Heřman erlebten die Vollendung des Gesamtanlage.

Nach der schweren Beschädigung des Gebäudes durch französische Truppen im Jahr 1742 stellte Anselmo Lurago das Palais Czernín wieder her und versah die strenge Fassade im palladianischen Stil 1749 mit Rokokoelementen. Im 19. Jh. diente das Palais zunächst als Kaserne und avancierte nach seiner vollständigen Rekonstruktion (1928–1934) zum Sitz des **Außenministeriums**. 1948 erlangte es als Ort des dritten Prager Fenstersturzes traurige Berühmtheit (› **S. 115**, Seitenblick »Prager Fensterstürze«).

Zwischenstopp: Restaurant

hOST ❹ €€ [B4]

Das versteckte Restaurant serviert leckere internationale Gerichte in stilvollem Ambiente mit Aussicht auf den Laurenziberg.

- Loretánská 15
  Tel. 728 695 793
  www.hostrestaurant.cz
  Mo–Sa 11.30–22, So 11.30–21 Uhr

Die Neue Welt 16 [A3]

Unterhalb des Loreto-Platzes schließt sich das Viertel **Nový Svět** (»Neue Welt«) um die gleichnamige Gasse an. Jahrzehntelang war dies ein eher trostloses Pflaster, bis es Künstler und Kunsthandwerker für sich entdeckten. Das einstige Armenviertel bezaubert heute mit verwinkelten Gassen, kleinen barocken Vorstadthäusern und netten Restaurants.

In einem 1739 errichteten Bauernhaus mit Schindeldach bietet das Romantikhotel **U raka** (»Zum Krebs«, €€€) › **S. 31** eine reizvolle Unterkunft an. Hier kann man auch zu einem Tee am offenen Kamin oder auf der Terrasse einkehren.

Hradschiner Platz 17 [B3]

Der direkt vor der Prager Burg gelegene Hradschiner Platz (Hradčanské náměstí) bildet das natürliche Zentrum der Burgstadt (Hradčany) und hat bis heute seinen mittelalterlichen Grundriss behalten. Die Bebauung hat sich allerdings verändert: Nach dem großen Stadtbrand von 1541 ließ es sich der böhmische Adel nicht nehmen, seine Macht zu demonstrieren und seine Paläste möglichst nahe am Königshof zu erbauen.

Die **Mariensäule** in der Mitte des Platzes wurde von den Bewohnern Prags zum Dank für die Verschonung vor der Pest gestiftet; geschaffen wurde sie 1726 von F. M. Brokoff. Sehenswert ist der achtarmige **Kandelaber** mit echten Gaslaternen, die inzwischen auf dem Krönungsweg vom Platz der Republik bis zum Hradschiner Platz weitgehend wieder in Betrieb genommen wurden. Sogar der Beruf des Laternenanzünders wurde erneut eingeführt.

Die Südseite des Platzes nimmt das mächtige **Palais Schwarzenberg** ein, in dem die permanente Ausstellung »Barock in Böhmen« der **Nationalgalerie** (Národní galerie) untergebracht ist (Nr. 2, Tel. 233 081 713, www.ngprague.cz, tgl. außer Mo 10–18 Uhr). Das Sgraf-

Das Erzbischöfliche Palais

fitodekor an der Fassade geht auf venezianische Vorbilder zurück. Die Familie Schwarzenberg beherrschte lange Zeit den Süden Böhmens. Einer der Nachkommen, Karel von Schwarzenberg, war unter Präsident Václav Havel Kanzler und 2007–2013 (mit Unterbrechung) tschechischer Außenminister.

Gegenüber des Palais Schwarzenberg liegt das **Erzbischöfliche Palais,** ursprünglich ebenfalls ein Renaissancebau, der im Frühbarockstil umgestaltet wurde (J. B. Mathey, 1675–1679) und 60 Jahre später eine Rokokofassade (J. J. Wirch) erhielt (Nr. 16).

Das **Palais Sternberg,** das sich etwas rückwärts versetzt an den Bischofssitz anschließt, beherbergt einen Teil der **Nationalgalerie** mit italienischer, niederländischer und deutscher Kunst aus dem 14. bis 18. Jh. (Nr. 15, Tel. 233 090 570, www.ngprague.cz, tgl. außer Mo 10–18 Uhr; Zugang im linken Eingang des Erzbischöflichen Palais). **50 Dinge** (33) › **S. 16.**

Das frühbarocke **Palais Toscana** an der Westseite des Platzes (Nr. 5) wurde 1690 nach Plänen Johann Baptiste Matheys für Michael Oswald Graf Thun-Hohenstein errichtet, war aber von 1718 bis 1918 im Besitz der Herzöge der Toskana.

Bei der Restaurierung des **Palais Martinitz** aus dem 16. Jh. (Nr. 8) legte man figurale Sgraffiti aus der Entstehungszeit des Palais frei.

Der weitere Weg durch die **Prager Burg** folgt nun der Tour 4 › **S. 106.**

Buch-Tipp

Vor seiner Ausweisung im Jahr 1979 lebte der Schriftsteller Pavel Kohout im Schwarzenberg-Palais. Seine Erlebnisse mit den damals Herrschenden hielt er in seinem Buch **Wo der Hund begraben liegt** fest (Goldmann 1997).

Historische Straßenbahn in der Prager Neustadt

DIE NEUSTADT

Kleine Inspiration

- **In den Einkaufspassagen am Wenzelsplatz** bei jedem Wetter shoppen gehen › S. 128
- **Sich von der Ruhe des Franziskanergartens** anstecken lassen › S. 128
- **Kristallglas edelster Art** in der Glasmanufaktur Moser bewundern und bei Gefallen gleich kaufen › S. 130
- **Sich einen festlichen Opernbesuch** Im Nationaltheater gönnen › S. 132

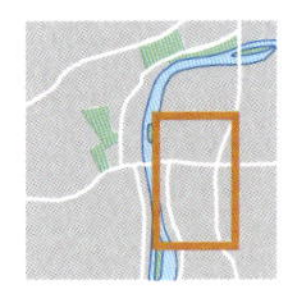

Ob auf Einkaufstour oder als Nachtschwärmer – Mittelpunkt des Prager Business ist der Wenzelsplatz. Im Süden erhebt sich der zweite Prager Burgberg, der Vyšehrad.

Das Zentrum der Neustadt ist der Wenzelsplatz (Václavské náměstí) mit seinen zwei Gesichtern, einem weltstädtisch-eleganten am Tag und einem schrill-erotischen in der Nacht. Tagsüber wimmelt der Platz von Schaulustigen aus aller Welt, die einen gemütlichen Einkaufsbummel machen wollen; spät am Tag kommen dann viele Nachtschwärmer hierher. Die weiteren wichtigen Straßenzüge der Neustadt heißen Am Graben (Na Příkopě) und Nationalstraße (Národní třída) und grenzen beide an die Altstadt.

Man braucht gut und gern einen halben Tag, um sich die Neustadt mit ihren zahlreichen Einkaufspassagen zu erschließen und die vielen Eindrücke danach im berühmten »U Fleků« bei einem guten Dunklen zu verdauen.

Frisch gestärkt geht es anschließend weiter: In Süden grenzt der zweite Prager Burgberg, der Vyšehrad (»Hohe Burg«), an die Neustadt, einst Wohnstatt der sagenhaften Reichsgründerin Libuše und heute letzte Ruhestätte vieler berühmter Tschechen.

Auch für Touren durch Neustadt und Vyšehrad sind die eigenen Füße das beste Fortbewegungsmittel. Mehrere Metrolinien durchfahren das Gebiet. Am besten steigt man bei den Metrostationen Můstek und Karlovo náměstí aus.

Leuchtreklamen am Wenzelsplatz, dem modernen Geschäftszentrum Prags

Touren in der Neustadt

Durch die pulsierende Neustadt

Verlauf: **Hauptbahnhof › Nationalmuseum › Wenzelsplatz › Goldenes Kreuz › Am Graben › Jungmannplatz › Nationalstraße › Nationaltheater › Moldauufer › Karlsplatz › U Fleků**

Karte: Seite 126
Dauer: 4–5 Std. zu Fuß
Praktische Hinweise:

- Am besten geht man dieses Tour vormittags ab 10 Uhr, damit auch alle Geschäfte geöffnet sind (auch sonntags!).
- Ausgangspunkt ist der Hauptbahnhof an der Wilsonova (Ⓜ Hlavní nádraží), Endpunkt das Lokal U Fleků (Křemencova 11, Ⓜ Karlovo náměstí) für einen gemütlichen Ausklang.
- Wer die Tour 7 anschließen möchte, geht stattdessen vom Karlsplatz nach Süden weiter.

Tour-Start: Hauptbahnhof 1 [F4/5]

Der Prager Hauptbahnhof (Hlavní nádraží) ist ein sehenswertes Jugendstilgebäude, errichtet 1901 bis 1909 nach einem Entwurf von Josef Fanta. Der Bahnhof wird derzeit aufwendig restauriert, um ihm ein Stück seines alten Glanzes zurückzugeben.

Staatsoper 2 [F5]

Ein paar Schritte die Wilsonova hinauf liegt die neoklassizistische Staatsoper (Státní opera; vormals Smetana-Theater). Das Repertoire der von den Wiener Architekten Ferdinand Fellner und Hermann Helmer 1888 als »Neues Deutsches Theater« errichteten Bühne umfasst vor allem Werke des Musiktheaters, etwa von Wagner und Verdi.

Ehemaliges Parlament 3 [F5]

Neben der Staatsoper steht das gut bewachte ehemalige Parlamentsgebäude (1973; K. Prager, J. Albrecht und J. Kadeřábek), das um die alte Börse aus den 1930er-Jahren gebaut wurde. Nach der Auflösung der Tschechoslowakei diente es als Sitz von Radio Freies Europa, heute ist es ein Teil des Nationalmuseums.

Zwischenstopp: Restaurant

Čestr ❶ €€–€€€ [F5]
Im Parlamentsgebäude ist eines der interessantesten Prager Steakrestaurants.
- Legerova 75 | Tel. 222 727 851
www.ambi.cz

Nationalmuseum 4 [E/F5]

Das Nationalmuseum am oberen Ende des Wenzelsplatzes dominiert den gesamten Platz. Das im Stil der Neorenaissance errichtete Gebäude, dessen Fassade vermutlich der Ostfassade des Pariser Louvre nachempfunden ist, entstand 1885–1890 nach Plänen von J. Schulz.

Mit der Zusammenstellung der einzelnen Sammlungen des Museums wurde bereits 1818 begonnen. Nach der jahrhundertelangen Unterdrückung der tschechischen Bevölkerung sollte so das Nationalbewusstsein wiedererweckt werden.

Derzeit wird das Hauptgebäude bis 2016 aufwendig rekonstruiert. Währenddessen sind Teile der Ausstellung im nebenliegenden Gebäude des einstigen Parlaments der ČSFR untergebracht, das später unterirdisch mit dem Hauptgebäude verbunden werden soll. Danach werden die Besucher wieder die eindrucksvolle Säulenhalle, das Treppenhaus sowie die naturwissenschaftliche und die historische Sammlung besichtigen können.

Wenzelsplatz ★ [E4/5]

Der Wenzelsplatz (Václavské náměstí), das pulsierende Herz des

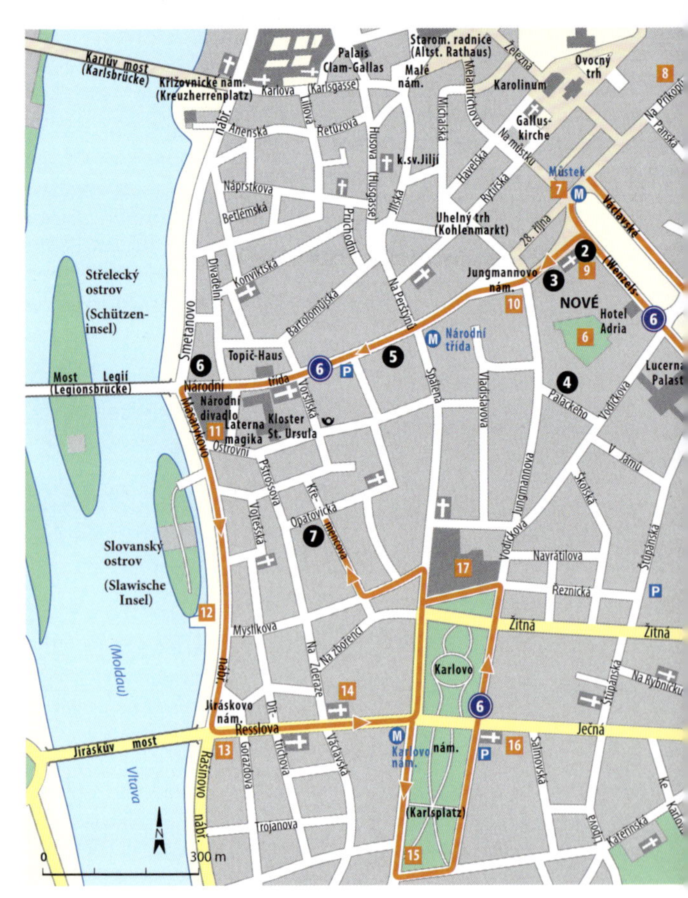

modernen Prag, war stets der bedeutendste politische Versammlungsort der Republik. Hier trafen sich die Prager in Krisen- wie in Freudenzeiten; häufig fanden Massendemonstrationen und Kundgebungen auf dem Platz statt. Mit 750 m Länge und 60 m Breite wirkt er eher wie ein Boulevard, dessen Optik von Hotels, Restaurants, Boutiquen, Kinos und Theatern bestimmt wird.

Als Herzstück der von Karl IV. 1348 gegründeten Neustadt angelegt, war er zunächst Treffpunkt der Pferdehändler. Daher auch der ursprüngliche Name Rossmarkt. Seinen jetzigen Namen erhielt der Platz 1848. Bis 1875 bildete die Stadtmauer mit dem Rosstor seine südliche Begrenzung, dann musste sie dem Bau des monumentalen Nationalmuseums weichen.

Denkmal des hl. Wenzel 5 [E5]

Zweifellos ist das Denkmal des hl. Wenzel (Pomník sv. Václava) vor dem Nationalmuseum hinsichtlich der jüngeren Landesgeschichte mit den stärksten nationalen Emotionen verbunden. Hier feierten die Prager ab 1918 den Gründungstag der selbstständigen Tschechoslowakei, hier fanden 1968 die Demonstrationen gegen die Okkupation

Tour in der Neustadt

Tour 6

Durch die pulsierende Neustadt

1 Hauptbahnhof
2 Staatsoper
3 Ehemaliges Parlament
4 Nationalmuseum
5 Denkmal des hl. Wenzel
6 Franziskanergarten
7 Goldenes Kreuz
8 Am Graben
9 Maria Schnee
10 Palast Adria
11 Nationaltheater
12 Mánes-Haus
13 Tanzendes Haus
14 St. Kyrill und Method
15 Fausthaus
16 St. Ignatius
17 Neustädter Rathaus

des Landes durch die Truppen des Warschauer Pakts statt, und hier spielten sich auch die weigweisenden Ereignisse der Samtenen Revolution von 1989 ab. Das Reiterdenkmal wurde 1912 von Josef Václav Myslbek geschaffen. Bis 1879 stand in der Mitte des Platzes das barocke Reiterstandbild des hl. Václav, das heute auf dem Vyšehrad zu sehen ist.

Die **Gedenkstätte für die Opfer des Kommunismus** ein paar Schritte weiter erinnert u.a. an Jan Palach, der sich im Januar 1969 aus Protest gegen die Niederschlagung des Prager Frühlings unterhalb des Nationalmuseums verbrannte.

Grand Hotel Evropa

Das prächtige Jugendstilhotel am Wenzelsplatz, 1906 erbaut, gehört zu den meistfotografierten Sehenswürdigkeiten Prags (Nr. 25). Hinter der schweren Drehtür glaubt man sich um über 100 Jahre zurückversetzt ins Prag des Fin de Siècle, in eine Welt pompöser Dekadenz und prachtvoller Kitschentfaltung. Das Haus war in den 1920er-Jahren *der* Treffpunkt der Bohème, beherbergte zuletzt aber meist Jugendgruppen. Seit 2014 wird das Haus grundlegend rekonstruiert und erweitert. Die denkmalgeschützte Fassade ist während des Umbaus noch immer sichtbar.

Lucerna-Palast

Gegenüber dem Hotel Evropa liegt der Lucerna-Palast (Nr. 38), 1912 bis 1916 von Vácslav Havel, dem Großvater des späteren Staatspräsidenten, errichtet. Der riesige Gebäudekomplex war die erste Eisenbetonkonstruktion in Prag und bescherte der Hauptstadt ein neues gesellschaftliches Zentrum. In dem prächtigen dreigeschossigen Saal fanden Silvesterbälle, aber auch Parteitage der Kommunisten statt. Den Kunstritter in der ! Lucerna-Passage auf seinem kopfüber hängenden Pferd schuf der zeitgenössische Künstler David Černý. In der Lucerna fährt noch einer der letzten Prager Paternoster.

Mit ihren Ausgängen zu den Straßen Vodičkova und Štěpánská ermöglicht die Lucerna ein schnelles Durchqueren der Neustadt. Hier lässt es sich hervorragend bummeln, zumal die umliegenden **Einkaufspassagen,** wie z.B. jene im benachbarten Rokokopalast, in den letzten Jahren ! wunderschön modernisiert wurden. Durch die großen Scheiben des Lucerna-Cafés (im Vorraum des Kinos in der ersten Etage) kann man das Treiben in der Passage am besten beobachten.

In der Mitte des Wenzelsplatzes

Das neogotische **Wiehl-Haus** (Nr. 34; Wiehlův dům) mit seiner sehenswerten Fassade von Mikoláš Aleš stammt von 1896. Vom Balkon des **Melantrich-Hauses** (Nr. 36, erbaut 1912) hielt Václav Havel im November 1989 die Ansprache, die das Signal zum Sturz des alten sozialistischen Regimes setzte.

Eine Oase der Ruhe am stets pulsierenden Wenzelsplatz bietet der **Franziskanergarten** 6 [E5], den man durch die Passage des konst-

»Pferd« von David Cerný in der Lucerna-Passage

ruktivistischen **Alfa-Palasts** (Nr. 28, erbaut 1928) erreicht.

Daneben steht das barocke **Hotel Adria** (Nr. 26, erbaut 1789), das älteste erhaltene Gebäude am Wenzelsplatz.

Zwischenstopp: Restaurant

Dobrá čajovna ❷ € [E4/5]

Die Teestube ist ein ruhiger Zufluchtsort, in der man herrlich relaxen kann – auch im Liegen und mit Wasserpfeife.

- Václavské nám. 14 | Tel. 224 231 480
  www.tea.cz/cajovna
  Mo–Sa 10–21.30, So 14–21.30 Uhr

Goldenes Kreuz 7 ★9 [E4]

Am nördlichen Ende des Wenzelsplatzes bilden die drei wichtigsten Einkaufsstraßen der Hauptstadt – Wenzelsplatz, Am Graben (Na Příkopě) und die Straße des 28. Oktober (28. října) – die Schnittstelle eines lateinischen Kreuzes. Der Name sagt alles über die wirtschaftliche Bedeutung dieses Knotenpunkts. Hier residieren die wichtigsten Banken und Versicherungen des Landes, hier locken aber vor allem Kaufhäuser, bunte Marktstände sowie zahlreiche Imbissbuden mit der berühmten Prager Bratwurst das zahlreiche Publikum an – alles wahre Goldgruben. Straßenkünstler geben ihre Kunst zum Besten; an Schaulustigen mangelt es nicht.

In einem konstruktivistischen Haus (Nr. 6) werden **Schuhe** der Firma Bat'a verkauft. Der innovative »Schuhkönig« Tomáš Bat'a ließ in den 1930er-Jahren als Erster Schuhe am Fließband herstellen und führte Preise ein, die mit »99« enden.

Am Graben 8 [E4]

An den Stadtgraben, der in der zweiten Hälfte des 18. Jhs. zugeschüttet wurde, erinnert noch die Straße Na Příkopě (Am Graben). Die elegante Einkaufsstraße geht in östlicher Richtung vom Wenzelsplatz ab und führt zum Pulverturm.

Das traditionsreiche Glaskunstgeschäft **Moser** beliefert mit seinen zerbrechlichen Produkten die Königshäuser der Welt (Na Příkopě 12, www.moser-glass.com).

Ein Abstecher führt von der Grabenstraße in die Panská zum kleinen, aber sehr feinen **Alfons-Mucha-Museum** mit Gemälden, Skulpturen und Fotografien – ein echtes Muss für alle Jugendstilfans (Panská 7, Tel. 224 216 415, www.mucha.cz, tgl. 10–18 Uhr). **50 Dinge** (39) › **S. 16**.

Buch-Tipp

Anekdoten aus der Zeit, als die Grabenstraße noch die Flaniermeile der deutschen Bevölkerung Prags war, gibt Friedrich Torberg in **Die Tante Jolesch** zum Besten (mehrere Ausgaben erhältlich, u. a. bei dtv).

SEITENBLICK

Kunstvolles Glas

Böhmisches Glas ist nicht gleich böhmisches Glas – und wer wissen möchte, in welch unterschiedlichen Formen und Farben die tschechischen Glasbläser heute ihre Kunstfertigkeit zeigen, kann sich in den Geschäften von Altstadt und Neustadt einen Überblick verschaffen. In der Flaniermeile Am Graben befindet sich eine Filiale der Karlsbader Glasmanufaktur **Moser**, die mit ihren goldgefassten, hauchdünnen Sektkelchen schon Queen Elizabeth II. belieferte.

Warum aber ist böhmisches Glas seit rund 700 Jahren so berühmt? Das hängt mit den ausgedehnten Wäldern der Umgebung zusammen (Böhmerwald und Riesengebirge), wo die natürlichen Rohstoffe für die Glasherstellung in unbegrenzter Menge vorhanden waren: Holz, Pottasche und Quarzsand. So entstand zunächst grünes – durch Eisenverunreinigungen verfärbtes – »Waldglas«, das auch heute wieder in einigen Geschäften angeboten wird. Schnell stellte man dann aber auch fest, dass durch die Zugabe von Bleioxid Gläser mit hoher Brillanz und natürlich auch hohem Gewicht entstehen. Je mehr Blei, umso mehr Glanz. Allerdings ist der Bleianteil heute gesetzlich begrenzt, damit keine Bleipartikel die Getränke vergiften. Nur Moser gelingt es, Bleikristall ganz ohne Blei herzustellen. Typisch für böhmisches Kristall waren schon früh geometrische Muster. Um diese zu erzeugen, drückt der Schleifer das Glas gegen rotierende Stein- oder Diamantscheiben.

Jungmannplatz [E4/5]

Westlich des Wenzelsplatzes liegt der kleine Jungmannplatz (Jungmannovo náměstí). Wer erahnen will, was Karl IV. eigentlich an diesem Platz vorhatte, muss die Kirche **Maria Schnee** 9 [E5] (Kostel Panny Marie Sněžné) besuchen. Noch im 19. Jh. beherrschte ihr riesiger Baukörper die Silhouette der Neustadt. Ursprünglich war eine Kathedrale geplant, noch größer als der St.-Veits-Dom, verwirklicht wurde jedoch nur das 34 m hohe Presbyterium – die Hussitenkriege verhinderten die Weiterarbeit.

Jan Želivský, der Wortführer des radikalen Hussitenflügels, rief von hier zum Marsch auf das Neustädter Rathaus auf, der mit dem Ersten Prager Fenstersturz endete (› **S. 115**, Seitenblick »Prager Fensterstürze«).

Zwischenstopp: Restaurants

U Pinkasů 3 €€ [E5]

In der Bierstube wurde 1852 erstmals in Prag Pilsener Urquell ausgeschenkt.

- Jungmannovo náměstí 15
  Tel. 221 111 150
  www.upinkasu.cz | tgl. 10–1 Uhr

Café Colore 4 €€ [E5]

Das farbenfrohe Café-Restaurant mit leckeren internationalen Gerichten ist besonders bei Einheimischen beliebt.

- Palackého 1 | Tel. 222 518 816
  www.cafecolore.cz
  Mo-Fr 8-23, Sa/So 9-23 Uhr

Die Nationalstraße [D5]

Die Nationalstraße (Národní třída), die wie die Grabenstraße über dem zugeschütteten Stadtgraben angelegt wurde und zur Moldau führt, gehört zu den markanten Flaniermeilen der Stadt. Sie wird gesäumt von Boutiquen, Feinkostläden und Kaffeehäusern.

Zwischenstopp: Café

Café Louvre 5 €€ [D5]

Insbesondere lohnt sich der Besuch des Café Louvre mit originalem Interieur, hohen Decken und einem separaten Billardzimmer.

- Národní 20
  Tel. 224 930 949
  www.cafelouvre.cz

Die Ecke zur Jungmannova wird beherrscht vom wuchtigen **Palast Adria** 10 [D/E5], einem venezianischen Palästen nachempfundenen Mehrzweckbau von 1925 im Stil des Rondokubismus. Das einzige sakrale Ensemble dieser Straße bildet das **Kloster St. Ursula** mit seiner unauffälligen Barockkirche von 1704.

Auf der Straßenseite gegenüber bestechen zwei sorgfältig restaurierte Jugendstilfassaden: das **Topič-Haus** (Nr. 9) und das Haus der ehemaligen **Versicherungsgesellschaft Praha** (Nr. 7). Den Abschluss dieser Straßenseite bilden zwei stattliche Neorenaissancebauten: der Sitz der **Akademie der Wissenschaften** (Nr. 3 und 5) und das Eckgebäude an der Legionsbrücke.

Zwischenstopp: Café

Künstlercafé Slavia 6 €€ [D5]

Im Eckgebäude in Hausnummer 2 lädt das legendäre Künstlercafé mit hübscher Aussicht auf die Prager Burg zu einer Kaffeepause ein. › **S. 36**

Nationaltheater 11 10 [D5]

Die eigentliche städtebauliche Dominante der Nationalstraße ist das Nationaltheater (Národní divadlo) – das Symbol der tschechischen nationalen Wiedergeburt schlechthin. Der Grundstein wurde eigens aus Gestein vom Berg Říp gemeißelt, dem mythischen Stammsitz des Urvaters Čech.

Anfang Juni 1881 erlebte das Theater seine triumphale Eröffnung, doch bereits im August desselben Jahres fiel es einem Brand zum Opfer. Kaum zwei Jahre später war es wieder aufgebaut; anlässlich der Einweihung wurde Smetanas Oper »Libuše« erstmals aufgeführt. Die finanziellen Mittel für den Bau wurden zum Großteil durch private Spenden aufgebracht. Die stolzen Tschechen wollten beweisen, dass sie in der Lage waren, eine Bühne zu finanzieren, auf der in ihrer Sprache gesprochen wurde. Und so steht an der Front des Gebäudes zu lesen: »Narod sobě« – »Die Nation sich selbst«. Von 1977 bis 1983 wurde das Haus grundlegend restauriert und die Bühneneinrichtung modernisiert. Heute präsentiert sich das Nationaltheater wieder wie an seinem Eröffnungstag.

SEITENBLICK

Laterna magika

Das erstmals auf der Weltausstellung in Brüssel 1958 präsentierte multimediale Schauspiel verbindet Tanz, Musik und Projektion in einer bis dato nicht gekannten Kombination. Manche Stücke stehen bereits seit mehr als 20 Jahren auf dem Programm. Seit der Wende bespielt das Theater Laterna magika die Neue Szene (Nová scéna) neben dem Nationaltheater. Errichtet von Karel Prager als Spielstätte für modernes Theater, erregt die Fassade des Gebäudes aus Aluminium und Glas mitten im historischen Ensemble einiges Aufsehen › **S. 46.**

Am Moldauufer entlang

Von der **Legionsbrücke** [C/D5] eröffnet sich ein großartiges Panorama: Flussabwärts reicht der Blick vom Smetana-Ufer über Karlsbrücke und Kleinseite bis zur Burg; flussaufwärts bis zum Vyšehrad › **S. 137.** Der Mittelpfeiler der Brücke ruht auf der **Schützeninsel** (Střelecký ostrov) [C5], auf der im Mittelalter die Schützengilde ihre Wettbewerbe auszutragen pflegte. Ebenso geschichtsträchtig ist die ein paar Meter flussaufwärts gelegene **Slawische Insel** (Slovanský ostrov) [D5], auf der 1848 der Slawenkongress stattfand. **50 Dinge** (9) › **S. 13.**

Auf der Slawischen Insel steht das pompöse Ballhaus **Žofin** (Sophiensaal), umgeben von einem weitläufigen Biergarten. Hier stand schon Franz Liszt am Dirigentenpult.

Die Moldaupromenade wird von prächtig geschmückten Bürgerpalais im Stil des Eklektizismus und der Sezession gesäumt. Bis 1930 stand am Masaryk-Ufer (Masarykovo nábřeží) auch die Šítka-Wassermühle, von der nur noch der Turm übrig geblieben ist. An ihrer Stelle wurde das **Mánes-Haus** 12 [D5] – benannt nach dem Landschaftsmaler Josef Mánes (1820 bis 1871) – errichtet, das einen bedeutenden Ausstellungssaal für moderne Kunst beherbergt (Nr. 1, Tel. 224 932 938, www.ncvu.cz/manes, tgl. außer Mo 10–20 Uhr).

Tanzendes Haus 13 ★ 11 [D6]

Wenige Schritte entfernt trifft man am Jirásek-Platz (Jiráskovo náměstí) auf das futuristische Bauwerk der Architekten Frank O. Gehry und Vladimír Milunič (1996). Wie das legendäre Tanzpaar Fred Astaire und Ginger Rogers schmiegen sich die beiden Hausteile aneinander, daher wird das Haus häufig auch Ginger & Fred genannt.

St. Kyrill und Method 14 [D6]

Die Resslova führt zum Karlsplatz, vorbei am Gotteshaus von K. I. Dientzenhofer (1730), das 1942 zu trauriger Berühmtheit gelangte: Die tschechischen Fallschirmspringer, die das Attentat auf den stellvertretenden Reichsprotektor Reinhard Heydrich ausgeführt hatten, versteckten sich in der Kirche. Sie wurden verraten, dennoch gelang es den Nazis nicht, ihrer habhaft zu werden. Als sie die Kirche unter Wasser setzten, begingen die Verfolgten Selbstmord. Eine bedrückende Ausstellung erinnert an die mutigen Taten der Paraschutisten.

Karlsplatz [D5/6]

Der mit 500 m Länge und 150 m Breite größte Platz Prags spielte eine zentrale Rolle bei der städtebaulichen Vision Karls IV. In der Mitte des Karlovo náměstí stand die Fronleichnamskapelle, in der die Krönungskleinodien und die Reliquiensammlung des Kaisers jährlich ausgestellt wurden. Im 18. Jh. ließ Joseph II. die Kapelle leider abreißen. Heute verbringen viele Einwohner Prags auf dem Platz ihre Mittagspause.

Die futuristische Architektur des Tanzenden Hauses sorgte für heftige Debatten in Prag

Fausthaus 15 [D6]

Der Spätrenaissancebau am Südrand des Platzes an der Ecke zur Vyšehradská (Faustův dům; Nr. 40), wurde im 18. Jh. barockisiert. Seinen Namen verdankt er zwei Chemikern, die hier experimentierten.

Im 16. Jh. versuchte der englische Alchimist Edward Kelly, für Kaiser Rudolf II. Gold herzustellen, und Anfang des 18. Jhs. richtete Ferdinand Antonín Mladota hier ein chemisches Labor ein.

Beide Gestalten inspirierten den Volksmund zu der Legende, Dr. Faustus hätte in diesem Haus um der Entdeckung naturwissenschaftlicher Geheimnisse willen seine Seele dem Teufel verkauft.

St. Ignatius 16 [D6]

Den wichtigsten sakralen Baukörper am Karlsplatz bildet Kostel sv. Ignáce an der Ecke zur Ječná, erbaut 1668 vom kaiserlichen Baumeister C. Lurago als Teil eines Jesuitenkollegs (Nr. 36; heute Poliklinik).

Das sagenumwobene Fausthaus

Das Portal schmückt eine Statue des Namenspatrons. Das Innere besticht durch herrliche Stuckaturen.

Neustädter Rathaus 17 [D5]

Das Neustädter Rathaus (Novoměstská radnice) dominiert die nördliche Seite des Karlsplatzes. Vermutlich um 1348 begonnen, erstreckte sich seine Errichtung über mehrere Etappen.

Der älteste Teil ist der zur Vodičkova hin gelegene Ostflügel mit den Ratsräumen. Es folgte der Südflügel, der im 16. Jh. im Stil der Renaissance umgebaut wurde. Das gleiche Schicksal widerfuhr dem massiven Eckturm 1456. Eine umfassende Umgestaltung des Ensembles im Empirestil wurde 1906 rückgängig gemacht, sodass das Gebäude heute wieder das Aussehen von 1526 hat.

Ins Rampenlicht der Geschichte trat das Rathaus 1419 durch den Ersten Prager Fenstersturz (› **S. 115**, Seitenblick »Prager Fensterstürze«). Der Turm kann besichtigt werden (April–Okt. tgl. 10–18 Uhr).

Zwischenstopp: Bierlokal

U Fleků 7 €€ [D5]

In einer Gasse hinter dem Rathaus wartet **!** Prags ältestes Bierlokal »Bei Fleck« mit seinem schönen Innenhof auf durstige Gäste – aufgrund der Preise sind es überwiegend Touristen. Das 1499 gegründete Prager Brauhaus begrüßt den Gast mit einer Uhr, auf der die Ziffern durch den Namen des Hauses ersetzt sind.

- Křemencova 11 | Tel. 224 934 019 www.ufleku.cz

Südliche Neustadt – Vyšehrad

Verlauf: Karlsplatz › Vyšehradská › Emmauskloster › Vyšehrad

Karte: Seite 136
Dauer: 3 Std. zu Fuß
Praktische Hinweise:
- Für diese Tour eignet sich der Nachmittag am besten, weil dann eher wenige Besucher auf dem Vyšehrad anzutreffen sind.
- Ausgangspunkt ist Ⓜ Karlovo náměstí. Somit kann diese Tour auch im Anschluss an die Tour 6 zurückgelegt werden.
- Die Tour endet an der Ⓜ Vyšehrad.

Tour-Start:

Die südliche Neustadt, die selten von Touristenmassen frequentiert wird, erlaubt einen Einblick in das tägliche Leben der Bewohner der tschechischen Hauptstadt. Vom größten Prager Platz, dem **Karlsplatz,** führt der Weg zur zweiten Prager Burg, dem Vyšehrad.

Emmauskloster 18 [D6]

Vom Karlsplatz führt die Straße **Vyšehradská** nach Süden zur Burg Vyšehrad.

Am Weg liegt das 1347 gegründete **Emmauskloster** (Emauzy oder Klášter na Slovanech), dem Kaiser Karl IV. die Pflege der slawischen Liturgie zugedacht hatte; daher der Name »na Slovanech« – »bei den Slawen«.

Im Stadtpanorama fallen zunächst die beiden Türme der Anlage auf, zwei himmelwärts strebende Betonflügel aus dem Jahr 1967. Zunächst waren sie zwar nur als Provisorium für die 1945 zerstörten Kirchtürme gedacht, inzwischen sind sie aber zu einem Sinnbild für die Verbindung von Mittelalter und Moderne geworden.

Die dreischiffige Hallenkirche wird heute als Ausstellungssaal für moderne Kunst genutzt.

St. Johann von Nepomuk 19 [D6]

Auf der anderen Seite, hoch über der Straße, thront eines der Hauptwerke Kilian Ignaz Dientzenhofers, Kostel sv. Jana Nepomuckého na Skalce, erbaut im Jahr 1739.

Typisch für den Baumeister ist die Betonung des vieleckigen Zentralbaus, in den die ovalen Strukturen von Vorraum und Chor hineinlaufen. Zwei diagonal versetzte Türme flankieren das Portal, von dem eine doppelläufige Freitreppe hinab zur Straße führt.

Im Innern begeistern ein Fresko mit der Himmelfahrt des hl. Nepomuk (K. Kovář; 1748) und eine Nepomukfigur (J. Brokoff; 1682) auf dem Hauptaltar, deren Bronzekopie auf der Karlsbrücke zu sehen ist (nur während des Gottesdienstes geöffnet).

Maria auf der Säule 20 [D7]

Der kürzeste Weg zum Vyšehrad führt über die gleichnamige Straße, die Vyšehradská. Es lohnt sich jedoch, den Abstecher zum **Botanischen Garten** (Botanická zahrada), der auf eine Gründung Kaiser Karls IV. zurückgeht, und zur **Kirche Maria auf der Säule** (Na slupi) zu machen. Letztere gehört zu den wenigen gotischen Gotteshäusern, deren Innenraum von einer Mittelsäule getragen wird. Der Legende nach soll diese Säule in vorchristlicher Zeit dem Kult des Gottes Svatovit gedient haben, dessen

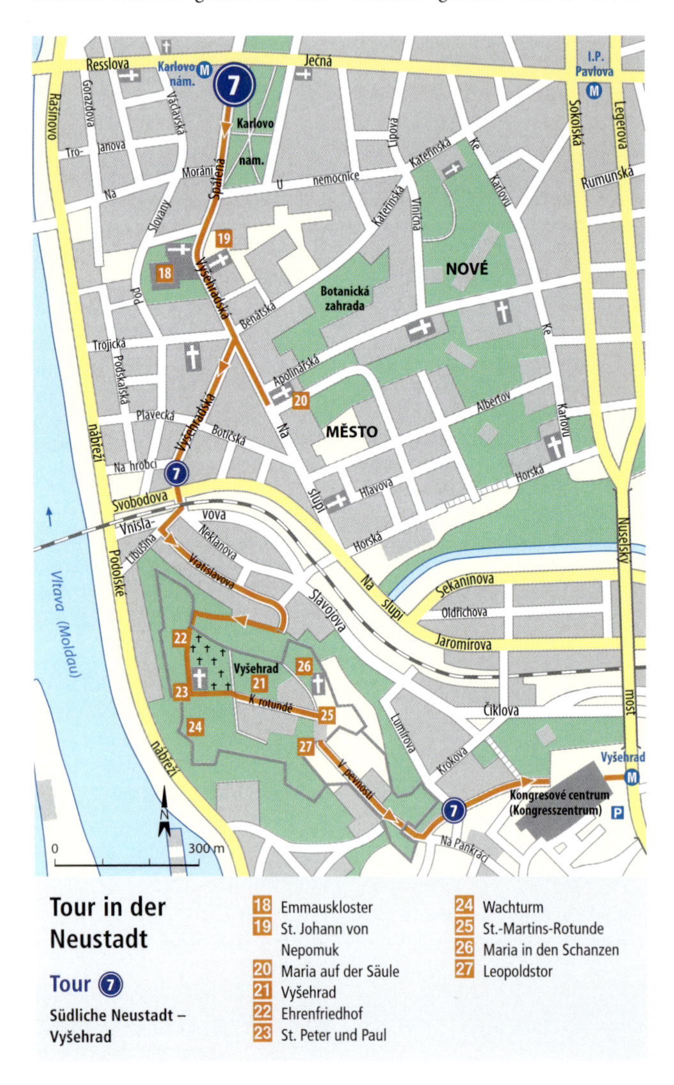

Tour in der Neustadt

Tour 7

Südliche Neustadt – Vyšehrad

18 Emmauskloster
19 St. Johann von Nepomuk
20 Maria auf der Säule
21 Vyšehrad
22 Ehrenfriedhof
23 St. Peter und Paul
24 Wachturm
25 St.-Martins-Rotunde
26 Maria in den Schanzen
27 Leopoldstor

Karte
S. 136

Blick über die Nationale Gedenkstätte auf die Moldau

Stelle dann die Jungfrau Maria einnahm. Ihre neogotische Gestalt erhielt die Kirche 1863.

Vyšehrad 21 12 [D7/8]

Die Straße Vyšehradská unterquert an ihrem Ende eine Eisenbahnlinie und geht dann in die Vratislavova über. Hier beginnt der Aufstieg zur **Nationalen Gedenkstätte,** stadtgeschichtlich der Antipode der Prager Burg. Der Vyšehrad-Felsen, um den sich viele nationale Sagen ranken, erhebt sich direkt über der Moldau und bietet einen herrlichen Blick auf die Stadt und das Flusstal. Der Legende nach residierte hier die Fürstin Libuše, die als Urmutter von Prag gilt. Historisch belegt sind erste Bebauungen des exponierten Felsens in der ersten Hälfte des 10. Jhs.

Von der kulturellen Bedeutung des Burgbergs zeugt der prächtige Vyšehrad-Kodex aus dem 11. Jh. Die kostbare Handschrift zur Feier der Krönung von Vratislav II. wird heute in der Staatsbibliothek aufbewahrt. Anfang des 12. Jhs. entfaltete sich mit dem Aufstieg des Přemyslidengeschlechts, das die Festungsanlage auf dem Felsen zeitweilig zu seinem Domizil machte, eine rege Bautätigkeit, zu der die Errichtung einer Kapitelkirche gehörte.

Auch als der Herrschersitz Mitte des 12. Jhs. endgültig auf die Prager Burg verlegt wurde, behielt der Vyšehrad seine strategische Bedeutung. Karl IV. erneuerte die Befestigungen und ließ Palast und Kirche umbauen. Seine heutige Gestalt als barocke Festungsanlage erhielt der Komplex im 17. Jh.

Die Festung blieb bis 1911 unter militärischer Verwaltung, dann wurde sie an die Stadt Prag übergeben (April–Okt. tgl. 9.30–18, Nov. bis März 9.30–17 Uhr, www.praha-vysehrad.cz).

Ziegeltor und Ehrenfriedhof

Von der nördlichen Seite betritt man das Gelände durch das **Ziegeltor** (1848), den jüngsten Teil des barocken Festungswalls. Über eine kleine Treppe führt der Weg zum **Ehrenfriedhof** 22 [D7/8], der Ende des 19. Jhs. zu einer nationalen Gedenkstätte ausgestaltet wurde. Hier liegen bedeutende tschechische Vertreter aus Kunst, Literatur und Wissenschaft begraben. Fast immer mit Blumen geschmückt ist das Grab der Schriftstellerin Božena Němcová, deren bekanntestes Werk »Die Großmutter« auch ins Deutsche übersetzt wurde. Auch die Komponisten Bedřich Smetana und Antonín Dvořák sind hier bestattet. Den Mittelpunkt der Anlage bildet die Ehrengruft »Slavín«. Hier ruhen u. a. der Jugendstilkünstler Alfons Mucha und der Geigenvirtuose Jan Kubelík. **50 Dinge** ⑥ › S. 12.

St. Peter und Paul 23 [D8]

Die neben dem Friedhof gelegene Kirche St. Peter und Paul (Kostel sv. Petra a Pavla) steht auf den Fundamenten einer alten romanischen Basilika, in deren Krypta die Přemyslidenherrscher bestattet sind.

Unter Kaiser Karl IV. wurde der ursprünglich dreischiffige Bau zu einer fünfschiffigen Hallenkirche erweitert. Nach weiteren Umbauten in der Renaissance- und Barockzeit erhielt die Kirche schließlich zwischen 1885 und 1903 von Josef Mocker ihre heutige neugotische Gestalt mit den beiden markanten Türmen. Das Portal schmückt ein Relief des Jüngsten Gerichts.

Von der Neuen Probstei zum Leopoldstor

Die **Neue Probstei** nördlich des Ehrenfriedhofs entstand 1872, im Park dahinter steht eine Kopie der Wenzelstatue von J. G. Brendel (1678). An der Südseite der Festungsmauer blickt man auf die Ruine eines **Wachturms** 24 [D8] aus dem 15. Jh., aus dem eine romantische Legende das Bad der Libuše gemacht hat. Doch das Bauwerk hatte eine ganz andere Funktion: Durch eine Felsspalte konnten von hier Nahrungsmittel hochgezogen werden, die Moldauschiffe angeliefert hatten.

Das älteste erhaltene Gebäude auf dem Vyšehrad, die **St.-Martins-Rotunde** 25 [D/E8] aus dem 11. Jh., ist gleichzeitig auch die älteste der vier Rotunden in Prag. Ihre Form ist eine böhmische Eigentümlichkeit, in der romanischen Kulturepoche ist sie nur hier zu finden. Die Rotunde wurde während der Hussitenkriege geplündert und danach als Pulverturm genutzt.

Die barocke Wallfahrtskapelle **Maria in den Schanzen** 26 [D/E8] beherbergte einst eine Statue der Jungfrau von Loreto. Die benachbarte Pestsäule wurde 1714 aufgestellt. Das **Leopoldstor** 27 [D/E8] wurde 1678 als Teil der barocken Festungsmauern erbaut, um den Zugang zum inneren Teil des Vyšehrad zu sichern. Dahinter sieht man die Mauerreste des Špičkators aus der Zeit Karls IV. Durch das frühbarocke Tábortor verlässt man die Anlage in Richtung Ⓜ Vyšehrad.

St. Barbara in Kutná Hora

AUSFLÜGE & EXTRA-TOUREN

Kleine Inspiration

- **Im französischen Garten** von Schloss Troja lustwandeln › S. 140
- **Den Wandschmuck der Heiligkreuzkapelle** auf Burg Karlstein bewundern › S. 140
- **Einen Ausflug** nach Mělník unternehmen und dort den einheimischen Wein kosten › S. 141
- **Durch die mittelalterliche Altstadt** von Kutná Hora (Kuttenberg) schlendern › S. 143
- **Die Drehorte bekannter Filme** in Prag aufspüren › S. 148

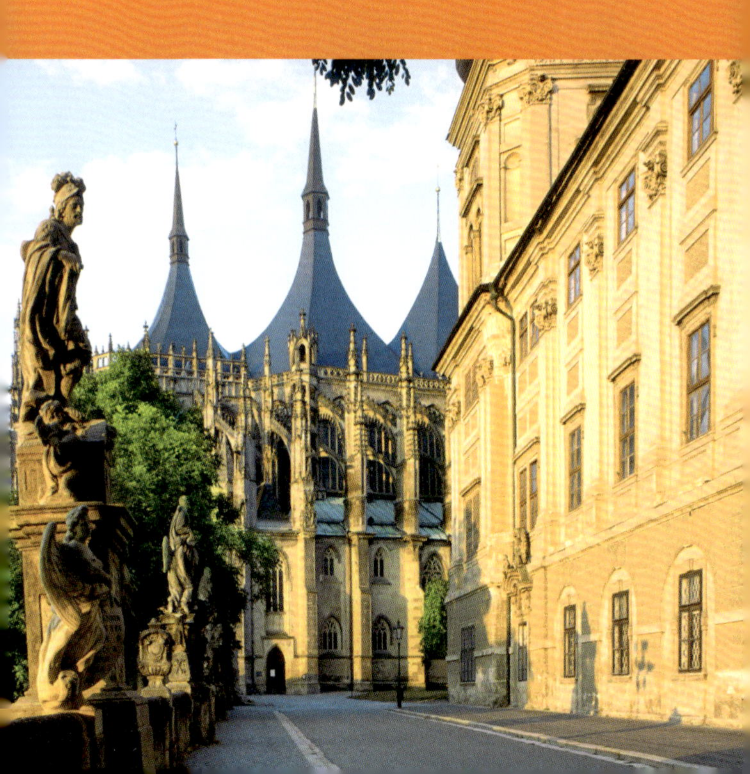

Ausflüge

Schloss Troja 1 ★

Verlauf: **Prag › Schloss Troja**

Karte: Seite 142
Dauer: 4 Std.
Praktische Hinweise:
- Zámek Troja | Tel. 283 851 614 www.citygalleryprague.cz
- April–Okt. tgl. außer Mo 10–18 Uhr
- Anreise mit dem Bus 112 ab Ⓜ Nádraží Holešovice.

Das barocke Jagdschloss aus dem 17. Jh. im Norden von Prag liegt in einer ! herrlichen Landschaft von Weinbergen und dem einzigen französischen Garten Prags. Heute dient es der städtischen Gemäldegalerie vor allem für Wechselausstellungen. Ursprünglich als Zeichen der Loyalität der böhmischen Adelsfamilie Šternberk zur habsburgischen Herrschaft erbaut, verfiel das Schloss nach der Gründung der ersten Tschechoslowakischen Republik 1918 mehr und mehr.

Erst in den 1980er-Jahren entschied man sich für eine umfassende Rekonstruktion. Erhalten sind die Schlosskapelle, die Fresken im imposanten Hauptsaal und in den Pferdeställen sowie die barocke Außentreppe – schöne Zeugen barocker Bildhauerkunst.

Die Umgebung bilden der Zoo, die Moldau sowie am anderen Ufer der Baumgarten, eine der grünen Lungen Prags.

Burg Karlstein 2 ★ und Koněprusy

Verlauf: **Prag › Burg Karlstein › Koněprusy**

Karte: Seite 142
Dauer: 5–6 Std.
Praktische Hinweise:
- Hrad Karlštejn | Tel. 311 681 617 www.hradkarlstejn.cz
- Juli/Aug. tgl. 9–18.30, Juni tgl. außer Mo 9–17.30, Mai/Sept. tgl. außer Mo 9.30–17.30, April bis 17, März/Okt. bis 16 Uhr.
- Das Innere der Burg kann nur im Rahmen einer Führung besichtigt werden. Für die Heiligkreuzkapelle muss man sich vorher anmelden (Tel. 274 008 154).
- Anreise: Mit dem Auto über Staatsstraße Nr. 4 und Landstraße 115 (ca. 55 Min.); mit dem Zug ab Hauptbahnhof (ca. 40 Min.). Ab Parkplatz bzw. Bahnhof Fußweg (20 Min.) oder per Kutsche.

Böhmens berühmteste Burg, Hrad Karlštejn, thront auf einem Felsen über dem Berounka-Tal. Errichtet wurde sie unter Karl IV., der hier die Reichskleinodien und seinen Reliquienschatz aufbewahrte. Ihre heutige Gestalt erhielt sie im 19. Jh.

Überragt wird das Areal vom 37 m hohen Großen Turm, in dessen zweiten Stock in der **Heiligkreuzkapelle** die Krönungsinsignien lagerten (heute im St.-Veits-Dom in Prag). Die mit über 2200 Halbedelsteinen ausgekleideten Wände der Kapelle schmücken 127 Gemälde des gotischen Meisters Theoderich.

Im Marienturm befindet sich die **Katharinenkapelle** mit Malereien des 14. Jhs. und einem Porträt des Kaisers. Im **Kaiserpalast,** den man über eine Treppe erreicht, ist eine Dokumentation zur Regierungszeit Karls IV. zu sehen; im zweiten Stock befinden sich die kaiserlichen Gemächer.

In der Umgebung lädt der **Böhmische Karst** (Český kras) mit Schluchten und Seen zu Spaziergängen ein. Einen Abstecher lohnen besonders die Tropfsteinhöhlen von **Koněprusy** (7 km südwestlich von Karlstein; www.konepruske-jeskyne.cz).

Heiligkreuzkapelle in Burg Karlstein

Mělník 3

Verlauf: Prag › Mělník

Karte: Seite 142

Dauer: 4–5 Std.

Praktische Hinweise:

- Zámek Mělník | Tel. 315 622 108 www.lobkowicz-melnik.cz
- tgl. 10–17 Uhr
- Anreise: Mit dem Auto über die Staatsstraße Nr. 9 (ca. 45 Min); mit dem Zug vom Hauptbahnhof. (ca. 50 min mit Umsteigen)
- Der Tagesausflug ist gelegentlich per historischem Radschaufeldampfer vom Schiffsanleger am Rašínovo nábřeží möglich (Abfahrt in Prag um 7 Uhr, Rückkehr um 21.30 Uhr, www.paroplavba.cz).

Die malerische Kleinstadt Mělník, 40 km nördlich von Prag am Zusammenfluss von Elbe und Moldau gelegen, ist für ihren »Ludmilla«-Wein bekannt, der an den Südhängen der Flusstäler gedeiht. Karl IV. brachte die Weinreben aus Burgund ins Land.

Besonders sehenswert ist das **Renaissanceschloss** der Lobkowitzer, in dem man den jahrhundertealten Weinkeller und einige Wohnräume der Adelsfamilie besichtigen kann.

Einen Besuch lohnen auch die **Probstkirche** mit ihren wertvollen Barockbildern (Karel Škréta), der **Marktplatz** mit den Laubengängen und die Stadtbefestigung mit dem **Prager Tor**.

Schloss Konopiště 4

Verlauf: Prag › Schloss Konopiště

Karte: Seite 142
Dauer: 4 Std.
Praktische Hinweise:

- Státní zámek Konopiště
  Tel. 317 721 366
  www.zamek-konopiste.cz
- April/Mai, Sept. tgl. außer Mo 10 bis 16, Juni–Aug. bis 17, Okt./Nov. bis 15 Uhr.
- Anreise: Über die Autobahn D1 (Ausfahrt Mirošovice, ca. 40 Min.); mit dem Zug vom Hauptbahnhof bis Benešov (ca. 35 min), Bus zum Schloss.

In diesem Schloss lebte der österreichische Thronfolger Franz Ferdinand mit seiner böhmischen Gemahlin Sophie bis zu ihrer beider Ermordung 1914 in Sarajewo. Auf die Initiative des Erzherzogs geht auch der englische Landschaftsgarten mit Kopien italienischer Statuen zurück. Hauptattraktion ist ein Rosengarten. Die von Josef Mocker zum Palast umgebaute gotische Burg mit Anbauten aus Renaissance- und Barockzeit – besonders eindrucksvoll sind die sieben gleich hohen Rundtürme – beherbergt die prunkvol ausgestatteten Wohnräume des Thronfolgers sowie eine umfangreiche Sammlung historischer Waffen und Jagdtrophäen.

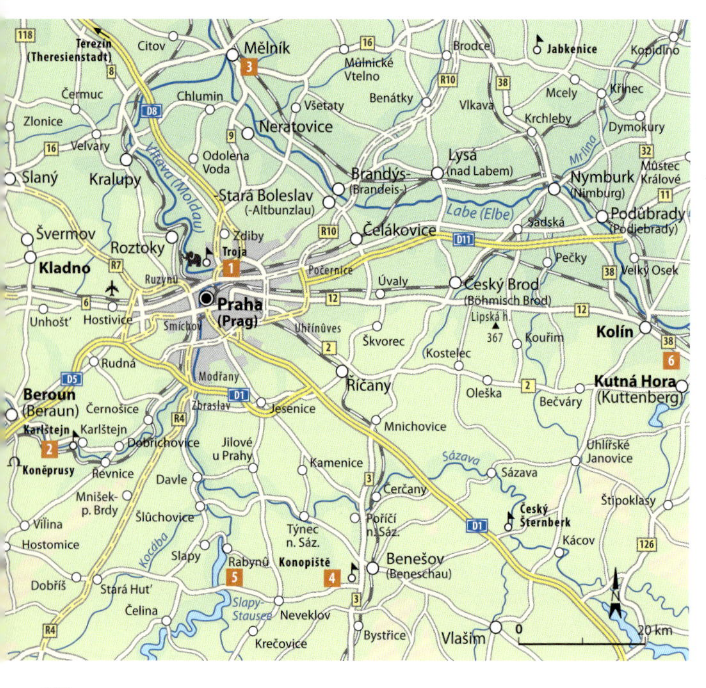

Stausee Slapy 5

Verlauf: **Prag › Slapy**

Karte: Seite 142
Dauer: 6–7 Std.
Praktische Hinweise:

- Mit dem Auto über die Staatsstraße Nr. 4 bis Zbraslav, dann über Landstraße Nr. 102 bis Slapy (ca. 55 Min.); mit dem Überlandbus vom Busbahnhof Na Knížecí neben der Ⓜ Anděl (ca. 35 min).

Wer sich an einem der staubtrockenen Prager Sommerwochenenden wundert, warum die Stadt wie ausgestorben scheint, sollte 36 km flussaufwärts fahren, um hinter des Rätsels Lösung zu kommen: Ein über 40 km langer Stausee, ein Eldorado für Wassersportler und Sonnenanbeter, bildet das beliebteste Erholungsgebiet. Das in den 1950er-Jahren errichtete Stauwerk beim Dorf Slapy dient der Energieversorgung der Hauptstadt. Am See locken auch Rundfahrten.

Freizeitparadies Stausee Slapy

Kutná Hora (Kuttenberg) 6 ★

Verlauf: **Prag › Kutná Hora**

Karte: Seite 142
Dauer: 5 Std.
Praktische Hinweise:

- Informační centrum | Kutná Hora
Tel. 327 515 556
www.infocentrum.kh.cz
- Anreise: Mit dem Auto über die Autobahn D1 bis Ausfahrt Říčany und von dort über die Staatsstraße Nr. 2 (ca. 75 Min); per Zug ab Hauptbahnhof (ca. 60 min).

Die 65 km südöstlich von Prag gelegene Kreisstadt ist ein Kleinod der böhmischen Gotik und steht auf der Liste des UNESCO-Weltkulturerbes. Im Mittelalter war Kuttenberg zeitweise beliebter Sitz der böhmischen Königinnen. Kein Wunder, machten ihre Silbergruben nicht nur den jeweiligen König zu einem der reichsten Herrscher Europas, sondern brachten auch in die Stadt großen Wohlstand. Davon zeugen das Münzhaus und das Knappenmuseum im Kastell (Hrádek). Das bedeutendste sakrale Bauwerk ist die gotische Kirche **St. Barbara** mit eindrucksvollem Netzrippengewölbe, gotischen Fresken und geschnitzten Eichenbänken. Von der Parler-Hütte begonnen, wurde die Kirche von Matthias Rejsek und Benedikt Ried fertiggestellt.

Extra-Touren

Kurzes Wochenende in Prag

Verlauf: Altstädter Ring › Karlsgasse › Karlsbrücke › Kleinseitner Ring › Nerudagasse › Prager Burg

Dauer: Zwei halbe Tage mit je 3 Std. reiner Gehzeit.
Verkehrsmittel:
1. Tag: Ausgangspunkt Ⓜ Náměstí Republiky, Endpunkt Ⓜ Malostranská.
2. Tag: Ausgang- und Endpunkt: Ⓜ Malostranská. Die Tour selbst wird zu Fuß zurückgelegt.

Wer für Prag nur ein kurzes Wochenende zur Verfügung hat, wählt als grobe Struktur am besten denselben Weg, den auch die böhmischen Könige zu ihrer Krönung beschritten haben.

1. Tag: Der sogenannte **Krönungsweg** beginnt beim Platz der Republik (Náměstí Republiky) am Übergang von der Neustadt zur Altstadt. Wo einst der alte Königspalast als Ausgangspunkt der Zeremonie stand, prunkt heute das **Gemeindehaus** › **S. 70** im Jugendstil. Im linken Flügel lädt das Kaffeehaus zu einem ausgiebigen Frühstück ein. Die Zeltnergasse (Celetná) führt unter dem Pulverturm hindurch bis zum **Altstädter Ring** (Staroměstské náměstí) › **S. 72**, dem Herzen der Altstadt. An der Astronomischen Uhr am Rathaus sollte man das Figurenspiel zur vollen Stunde nicht versäumen, das am besten vom Grand Café Praha gegenüber beobachtet werden kann. Einen Abstecher lohnt die Einkaufsmeile **Pariser Straße** (Pařížská) › **S. 77**.

Der kopfsteingepflasterte Krönungsweg schlängelt sich weiter über den Kleinen Ring (Malé náměstí) entlang der **Karlsgasse** (Karlova) › **S. 82**, einem touristischen Eldorado von Wechselstuben, kleinen Restaurants und Souvenirgeschäften – besonders empfehlenswert sind Marionetten und Holzspielzeug. Schönes Kunsthandwerk führt Manufaktura in der Karlova 26. Die Gasse endet am Moldauufer beim Altstädter Brückenturm, ei-

Blick vom Vrtba-Garten über die Dächer

nem der schönsten gotischen Türme Europas. Von oben gelingt die berühmte Postkartenansicht der Prager Burg. Hier beginnt die **Karlsbrücke** › **S. 83**, das mit 30 Statuen geschmückte Wahrzeichen Prags. Mit ihrem Bau wurde im Jahr 1357 begonnen. Für die Mittagspause bietet sich das Restaurant Tři století › **S. 34** in der Míšeňská 4 auf dem gegenüberliegenden Moldauufer an, ein paar Schritte von der Karlsbrücke entfernt.

Am Nachmittag lässt man sich in den Gassen der romantischen Kleinseite mit ihren Palästen, Gärten und der einladenden Kampainsel treiben und nutzt die freie Zeit zum Shoppen und Bummeln. Durch die Mostecká geht es zurück zur Karlsbrücke und zur Metrostation Malostranská. Später kann man in einer der Bierstuben der Altstadt einkehren und den Tag mit einem klassischen Konzert ausklingen lassen.

2. Tag: Für den nächsten Tag empfiehlt sich der Aufstieg zur Prager Burg. Ausgangspunkt ist wieder die Metrostation Malostranská. Der Krönungsweg durchquert den Stadtteil **Kleinseite** (Malá Strana) › **S. 95** entlang der Letenská über den Kleinseitner Ring (Malostranské náměstí), der vom barocken St.-Nikolaus-Dom dominiert wird. Die nach dem Schriftsteller Jan Neruda benannte **Nerudagasse** › **S. 101** schlängelt sich vorbei an beschaulichen Häusern und romantischen Restaurants bis zur **Prager Burg** › **S. 106**, der größten bewohnten Burganlage der Welt. Wer sich früh genug auf den Weg gemacht hat, erlebt um 12 Uhr die große Wachablösung im ersten Burghof, zu der sich Hunderte von Besuchern auf dem **Hradschiner Platz** › **S. 121** vor der Burg einfinden. Andernfalls kann man zu jeder vollen Stunde immerhin die kleine Ablösung an jedem der drei Tore mitverfolgen.

Von April bis Oktober lohnt sich als Abschluss der Gang durch die **Palastgärten** › **S. 98** auf der Südseite der Burg bis hinunter zur Kleinseite und durch die kleinen Gassen zur Metrostation Malostranská, im Winter gelangt

der Kleinseite zum St.-Nikolaus-Dom und zur Burg

man über die alte Schlossstiege direkt dorthin. Von hier ist es nur ein Katzensprung bis zum stilvollen Restaurant Pálffy Palác › **S. 33** in der Valdštejnská 14. Wer nach dem Besuch der Burganlage noch auf dem Burgberg bleiben möchte, kann im Restaurant Lví dvůr (Löwenhof) › **S. 34** an der Straßenbahnhaltestelle hinter der Burg einkehren (U Prašného mostu 6).

Verlängertes Wochenende in Prag

Verlauf: **Strahov-Kloster › Prager Burg › Nerudagasse › Kleinseitner Ring › Karlsbrücke › Karlsgasse › Altstädter Ring › Jüdisches Viertel › Platz der Republik › Wenzelsplatz › Nationaltheater › Karlsplatz › Vyšehrad**

Dauer: Reine Gehzeit ca. 10 Std., verteilt auf drei halbe Tage.
Verkehrsmittel:
1. Tag: Ausgangs- und Endpunkt Ⓜ Malostranská. Von dort zum Kloster Strahov kommt man mit der Straßenbahn (Nr. 22, Station Pohořelec). 2. Tag: Ausgangspunkt Ⓜ Malostranská, Endpunkt: Ⓜ Náměstí Republiky. 3. Tag: Ausgangspunkt Ⓜ Náměstí Republiky, Endpunkt Ⓜ Vyšehrad.

An einem verlängerten Wochenende in Prag kann man viel von der Stadt sehen. Auf drei Tage verteilt, bleibt daneben genügend Zeit für die Erkundung der Nebengassen, zum Shoppen und für Pausen.

1. Tag: **Strahov › S. 119** ist die größte Klosteranlage Tschechiens. Besonders sehenswert sind die prächtigen Bibliothekssäle. Auf dem Weg zur Prager Burg liegt das **Loreto-Heiligtum › S. 119** mit seiner Diamantenmonstranz, dann folgt der **Hradschiner Platz › S. 121** mit den Adelspalästen, mehreren Ausstellungen der **Nationalgalerie** und einer überwältigenden Aussicht auf die Stadt von der Burgrampe aus. Durch den ersten Burghof führt der Spaziergang direkt in das Areal der **Prager Burg › S. 106**, der wichtigsten Sehenswürdigkeit des Landes. In der Tour ist Zeit für eine ausgiebige Besichtigung eingeplant. Vom **Goldenen Gässchen › S. 116** aus (seit 2011 um eine Dauerausstellung erweitert) lohnt sich von April bis Oktober ein Gang durch den Wallgarten zurück zum Hradschiner Platz und entlang der **Nerudagasse** (Nerudova) › **S. 101** durch die **Kleinseite** (Malá Strana) › **S. 95**. Im Winter geht man durch die Burg zurück zum Hradschiner Platz.

2. Tag: Am zweiten Tag startet man wieder an der Metrostation Malostranská und schlendert durch die Gassen der Kleinseite zum **Kleinseitner Ring** (Malostranské náměstí) › **S. 98** und weiter über die **Karlsbrücke › S. 83**. Danach geht es durch die von Souvenirläden gesäumte Karlsgasse zum **Altstädter Ring** (Staroměstské náměstí) › **S. 72**. Kurz vor der vollen Stunde lohnt

sich der Besuch des Grand Café Praha gegenüber dem Altstädter Rathaus zur besseren Sicht auf den Apostelumzug an der **Astronomischen Uhr** › **S. 73**. Vom Altstädter Ring aus empfiehlt sich ein Abstecher durch den noblen Einkaufsboulevard **Pariser Straße** (Pařížská) › **S. 77** und durch das jüdische Viertel zur **Altneusynagoge** › **S. 93** und zum **Alten Jüdischen Friedhof** › **S. 91** – samstags sind beide allerdings geschlossen. Zurück zum Altstädter Ring geht es über die Maiselova. Schließlich gelangt man durch die Zeltnergasse (Celetná) zum Platz der Republik (Náměstí Republiky) mit dem wohl schönsten Jugendstilgebäude Prags, dem **Gemeindehaus** › **S. 70**, mit Jugendstilcafè, französischem Restaurant und Bierlokal. Hier können Sie dann in die Metro einsteigen.

3. Tag: Bei der Metrostation Náměstí Republiky beginnt auch am nächsten Tag der dritte Teil der Tour. Er führt zunächst durch die Neustadt entlang der Flanier- und Einkaufsmeile **Am Graben** (Na Příkopě) › **S. 130** bis zum Goldenen Kreuz, dem unteren Teil des geschäftigen **Wenzelsplatzes** (Václavské náměstí) › **S. 126**. Von dort geht es durch die Nationalstraße (Národní) zum **Nationaltheater** (Národní divadlo) › **S. 132** und ins legendäre Café Slavia › **S. 36** direkt gegenüber. Entlang dem Moldauufer mit seinen Gründerzeithäusern führt der Spaziergang zum **Tanzenden Haus** › **S. 133** und weiter bis zum **Karlsplatz** (Karlovo náměstí) › **S. 133**. Die Stadtbesichtigung wird abgerundet durch einen Besuch auf dem **Vyšehrad** › **S. 137**, der zweiten Burganlage der Stadt. Bei der gleichnamigen Metrostation endet diese Tour durch Prag.

Am Altstädter Ring: Blick zum Rathaus und zur Teynkirche

Hollywood an der Moldau

Verlauf: Strahov-Kloster › Hradschiner Platz › Thunovská › Kleinseitner Ring › Karlsbrücke › Rudolfinum › U Obecního dvora › Altstädter Ring › Havelská › Ständetheater › Wenzelsplatz

Dauer: Reine Gehzeit ca. 5 Std.
Verkehrsmittel:
Ausgangspunkt Ⓜ Malostranská, von dort per Straßenbahn (Nr. 22, Station Pohořelec) zum Kloster Strahov. Endpunkt Ⓜ Muzeum. Die Tour selbst wird weitgehend zu Fuß zurückgelegt.

Prag gilt seit Mitte der 1990er-Jahre als ernst zu nehmende Adresse für Hollywood-Produktionen. Vor allem die Wandlungsfähigkeit der historischen Bauten aus der Zeit um 1900 und ihre Eignung als Kulisse für Städte wie Berlin, Paris oder Wien bringt die Filmscouts regelmäßig in die Barrandov-Studios nach Prag, wo sie erfahrene Profis vorfinden. Dieser Rundgang führt zu den Schauplätzen der Dreharbeiten.

Die erste Klappe fällt beim **Strahov-Kloster** › S. 119, wo Judie Dench als M in »Casino Royale« in den Philosophischen Saal schreitet, um Daniel Craig alias James Bond seine Mission zu erklären. Im benachbarten Theologischen Saal recherchiert Johnny Depp in »From Hell« über Jack the Ripper. Der Spaziergang verläuft durch die Loretánská zum **Hradschiner Platz** › S. 121, auf dem in »Les Misérables« mit Liam Neeson 4000 Komparsen aufmarschieren. An der Schlossstiege parallel zur Nerudova, der Nabelschnur der Kleinseite, beginnt die **Thunovská** [B/C4], wo für »Bad Company« mit Anthony Hopkins eine rasante Verfolgungsjagd gedreht wurde. Vorbei am Parlament in der Sněmovní führt die Tomášská zum Kleinseitner Ring mit dem **St.-Nikolaus-Dom** › S. 100, der unter Protest des Kulturministeriums für den Film »Van Helsing« mit Hugh Jackman in einen Ballsaal verwandelt wurde. Bei den Stufen zur unweit gelegenen **Kampainsel** › S. 103 an der Karlsbrücke verrät eine Prostituierte in »Oliver Twist« den Aufenthaltsort des Titelhelden. »Mission: Impossible« beginnt gar mit einer Explosion auf der Kampainsel und einem Mord auf der **Karlsbrücke** › S. 83, wo auch der Film »xXx« mit Vin Diesel in einer dramatischen Verfolgungsjagd endet.

Von der Altstadtseite der Karlsbrücke geht es links bis zur nächsten Brücke Mánesův most. Sie beginnt am Jan-Palach-Platz mit dem **Rudolfinum** › S. 87, dem Sitz der Philharmonie. Dieses bildet in »Die Liga der außergewöhnlichen Gentlemen« mit Sean Connery den Rahmen für die Bank of England, in »Prinz Kaspian« aus den Chroniken von Narnia ist es Kulisse für ein Internat. Weiter geht es zwei Stationen mit dem Bus 133 zur Haltestelle Řásnovka. In einem bewusst nicht renovierten Gebiet um die Straßen

U Obecního dvora, U Milosrdných und Kozí werden häufig Szenen gedreht, die im alten Paris spielen. So entstanden hier Teile der Serie »Kommissar Maigret«, die Comicverfilmung »G.I. Joe« sowie »Mission: Impossible 4«.

Durch die Kozí gelangt man zum **Altstädter Ring** › S. 72, in dessen Mitte im Film »Mission: Impossible« ein fiktives Restaurant namens »Aquarium« steht. In »Van Helsing« landet Dr. Jekyll bzw. Mr. Hyde beim Sprung von der Pariser Kathedrale Notre Dame direkt auf dem Altstädter Ring. Durch die Straßen Železná und Kožná erreicht man einen ziemlich versteckten Durchgang im Haus **U Závoje** (Zum Schleier) [D/E4] in der Havelská 25, bekannt aus dem Film »Kafka« mit Jeremy Irons. Hinter der Galluskirche sieht man schon das **Ständetheater** › S. 79, das für »Amadeus« im Stil des 18. Jhs. mit Kerzen beleuchtet wurde.

Von hier sind es nur ein paar Schritte durch die Straßen Rytířská und Na Můstku zum unteren Teil des **Wenzelsplatzes** › S. 126. Die in der Platzmitte nach links abzweigende Straße **Jindřišská** mit ihren Straßenbahngleisen stellt in »The Bourne Identity« mit Matt Damon die Zürcher Bahnhofstrasse dar. Etwas weiter auf der rechten Seite des Wenzelsplatzes befindet sich der **Lucerna-Palast** › S. 128, in dessen altehrwürdigem Saal Teile von »La Môme« mit Marion Cotillard entstanden. Endpunkt des Spaziergangs ist das oben am Wenzelsplatz thronende **Nationalmuseum** › S. 125, das in »Mission: Impossible« als amerikanische Botschaft fungiert. Nun wird es Zeit für ein cineastisches Abschlussessen: Entlang der Mezibranská geht es in die Trattoria Cicala (Žitná 43) › S. 36, wo schon unzählige Hollywoodstars die beste Pasta in der Stadt genossen haben (So geschl.). Die Krakovská führt wieder zurück zum Wenzelsplatz und zur Metrostation Muzeum.

Dreharbeiten zu »G.I. Joe«

Infos von A–Z

Ärztliche Versorgung

Mit der Schweiz, Deutschland und Österreich bestehen Sozialversicherungsabkommen, besorgen Sie sich die Europäische Krankenversicherungskarte bei Ihrer Krankenkasse. Wird diese nicht angenommen, müssen Sie bezahlen und die detaillierte Rechnung bei Ihrer Krankenversicherung einreichen. Ärzte sprechen häufig Deutsch oder Englisch.

- **Deutsch sprechende Ärzte:**
  Fakultní nemocnice na Homolce
  Roentgenova 2
  Motol (Prag 5)
  Tel. 257 272 146.
- **Ausländische Klinik im Zentrum:**
  Health Centre Prague
  Vodičkova 28 | Neustadt
  Tel. 224 220 040.
- **Erste Hilfe:** Tel. 155 oder 112 (Euronotrufnummer).

Barrierefreies Reisen

Nur wenige Hotels in Prag sind behindertengerecht ausgerüstet. Dies gilt leider auch für die öffentlichen Verkehrsmittel. So gibt es in der Prager Metro nur selten Aufzüge, die Stationen werden jedoch nach und nach umgerüstet.

Diplomatische Vertretungen

- **Deutsche Botschaft**
  Vlašská 19 | Kleinseite
  Tel. 257 113 111
  www.prag.diplo.de
- **Österreichische Botschaft**
  Victora Huga 10 | Smíchov (Prag 5)
  Tel. 257 090 511
  www.aussenministerium.at/prag
- **Schweizer Botschaft**
  Pevnostní 7 | Střešovice (Prag 6)
  Tel. 220 400 611
  www.eda.admin.ch/prag

Einreise

Touristen aus Deutschland, Österreich und der Schweiz benötigen für die Einreise in die Tschechische Republik nur ihren Personalausweis bzw. die Identitätskarte. Kinder müssen entweder in den Reisedokumenten ihrer Eltern eingetragen sein oder mit einem Kinderausweis reisen.

Eintrittskarten

- **Ticketpro**
  Verkaufsstellen im Altstädter Rathaus am Staroměstské náměstí 3, am Václavské náměstí 38 (Neustadt) und in vielen größeren Hotels.
  Tel. 234 704 234
  www.ticketpro.cz
- **Bohemia Ticket International**
  Na Příkopě 16
  Neustadt
  Tel. 224 215 031
  www.bohemiaticket.cz

Feiertage

- 1. Januar – Neujahr
- Ostermontag
- 1. Mai – Tag der Arbeit
- 8. Mai – Tag der Befreiung vom Faschismus (Staatsfeiertag)
- 5. Juli – Tag der Slawenapostel Kyrill und Method (Staatsfeiertag)
- 6. Juli – Johannes-Hus-Tag (Staatsfeiertag)
- 28. September – Tag des hl. Wenzel, des Stadtpatrons von Prag
- 28. Oktober – Tag der Staatsgründung (Staatsfeiertag): Ausrufung der ersten Tschechoslowakischen Republik am 28. Oktober 1918
- 17. November – Tag des Kampfes für Freiheit und Demokratie
- 25. und 26. Dezember – Weihnachten

Fundbüro

- Karoliny Světlé 5 | Altstadt
  Tel. 224 235 085
  (Sa/So geschl.).

Geld

Währung ist die tschechische Krone (koruna), abgekürzt Kč oder CZK. Es gibt Scheine zu 100, 200, 500, 1000, 2000 und 5000 Kronen sowie Münzen zu 1, 2, 5, 10, 20 und 50 Kč.

Man wechselt am besten in Banken. Hotels und Wechselstuben erheben unterschiedlich hohe Tauschgebühren. Lassen Sie sich vom scheinbar günstigen Kurs in solchen Wechselstuben (z.B. »Chequepoint«) nicht täuschen, denn er gilt für den Verkauf von Fremdwährung in großen Mengen.

Kreditkarten werden in Banken, Hotels und vielen Restaurants und Geschäften akzeptiert. An den meisten Geldautomaten kann man mit allen gängigen Bank- und Kreditkarten tschechische Kronen abheben. Devisen unterliegen keinerlei Ein- und Ausfuhrbeschränkungen.

- **Wechselkurse** (Stand 2014):
  1 € = ca. 27 Kč; 1 CHF = ca. 22 Kč;
  100 Kč = 3,60 €/4,50 CHF

Haustiere

Pflicht ist der EU-Heimtierpass (www.bundestieraerztekammer.de), in dem die gültige Tollwutschutzimpfung (mind. 21 Tage alt, der max. gültige Zeitraum hängt vom Impfstoffhersteller ab) eingetragen ist; die Tiere müssen mit einem Mikrochip gekennzeichnet sein. In Prag herrscht für Hunde Maulkorb- und Leinenzwang.

Hotel- und Zimmervermittlung

- **Hotels Prague**
  Gagarinova 36 | Suchdol (Prag 6)
  Tel. 233 920 118
  www.hotelsprague.cz
- **Prague Hotel Locator**
  Tel. 251 551 011
  www.praguehotellocator.com

Information

- **PIS** (Prager Info-Service)
  Im Altstädter Rathaus am
  Staroměstské náměstí 3.
  Tel. 221 714 714
  www.praguewelcome.cz
- **CzechTourism**
  Staroměstské náměstí 5 | Altstadt
  Tel. 224 861 587
  www.czechtourism.com

Internet

Die Prager Internetcafés sind eher kleiner und versteckter als in anderen Metropolen. (Tipp: Relax Café Bar, Dlážděná 4, Neustadt, www.relaxcafebar.cz)

Wer lieber mit seinem eigenen Notebook online gehen möchte, findet in vielen Restaurants und Cafés der Stadt drahtloses Internet per WiFi. (Tipp: Grand Café Orient in der Altstadt, Ovocný trh 19, www.grandcafeorient.cz). Meist ist das Surfen gratis.

Medien

Informationen über das aktuelle politische Geschehen sowie Kulturtipps für die Hauptstadt bietet wöchentlich die deutschsprachige »Prager Zeitung« (www.pragerzeitung.cz). Ausführliche

Urlaubskasse	
Tasse Kaffee	2,50 €
Softdrink	2 €
Glas Bier	1,80 €
Bratwurst	2 €
Kugel Eis	0,60 €
Taxifahrt (Kurzstrecke, 5 km)	7,50 €
Mietwagen/Tag	60 €

Restauranttipps, einen Überblick über Kulturveranstaltungen und Informationen über englischsprachige Kinofilme liefert daneben die »Prague Post« (www.praguepost.cz).

Das tschechische Fernsehen bietet vor allem die staatlichen Sender ČT1 und ČT2 sowie die privaten Programme Prima und Nova an. In den meisten Hotels kann man zudem internationales Satelliten-TV empfangen.

Mietwagen

In Prag sind zahlreiche internationale Leihwagenfirmen vertreten. Bei Fahrten ins Ausland wird eine Rückführgebühr fällig. Der Abschluss von Zusatzversicherungen gegen Diebstahl und Unfall ist ratsam.

- **Czechocar CS**
  5. května 65 (im Kongresszentrum)
  Nusle (Prag 4)
  Tel. 261 222 079
  www.czechocar.cz
- **AVIS**
  Klimentská 46 | Neustadt
  Tel. 221 851 225
  www.avis.cz

Netzspannung

220 Volt. In den Hotels braucht man in der Regel keine Adapter, jedoch passen keine dreipoligen Schweizer Stecker.

Notrufnummern

- Erste Hilfe: Tel. 155 oder 112
- Polizei: Tel. 158
- Stadtpolizei: Tel. 156
- Feuerwehr: Tel. 150
- Unfallnotdienst: Tel. 1230, 1240

Post und Telefon

Die Kennfarbe der Post (Pošta) ist orange. Von 2–24 Uhr geöffnet ist die Hauptpost in der Jindřišská 14 (Neustadt, nicht weit vom Wenzelsplatz entfernt). Die öffentlichen Telefone akzeptieren Münzen und Telefonkarten (bei Postämtern und an Kiosken erhältlich).

Das tschechische Telefonnetz wurde 2002 umgestellt, seitdem ist die Vorwahl in die Nummer integriert und somit jeder Anschluss mit Ausnahme von Servicenummern neunstellig.

Mit Ihrem Handy (»mobil«) kommen Sie problemlos in eines der drei Mobilfunknetze (O2, T-Mobile, Vodafone).

GUT ZU WISSEN

- **Parkplätze:** Am sichersten parkt man in bewachten Parkhäusern, z. B. bei Shoppingcentern wie »Palladium«. Viele Hotels haben eigene Parkplätze. Das Auto auf keinen Fall unbewacht am Straßenrand stehen lassen.
- **Museen:** Mit wenigen Ausnahmen generell montags geschlossen. Während der Museumsnacht im Juni sind die Museen überfüllt, besser eignet sich ein ruhiger Sonntag für den Besuch.
- **Spartipp:** Die ein Jahr lang gültige PragueCard bietet eine Reihe von Vorteilen, etwa ermäßigten Eintritt zu Sehenswürdigkeiten sowie freie Fahrt in den Verkehrsmitteln während 48 Stunden. Erhältlich beim Tourist Center in der Celetná 14, Altstadt.
- **Öffnungszeiten:** Im Allgemeinen dürfen Geschäfte und Gastronomie ihre Öffnungszeiten selbst bestimmen, wobei sie sich nach der Kundschaft richten. Die Läden im Zentrum von Prag sind also auch am Sonntag geöffnet.
- **Verboten in der Öffentlichkeit:** Kaugummi und Zigarettenkippen auf den Boden werfen sowie Werbung ankleben.

Telefonvorwahl: Tschechien 00 420, Deutschland 00 49, Österreich 00 43, Schweiz 00 41.

Sicherheit

Die vielen Sicherheitskräfte in der Stadt vermitteln den meisten Touristen ein ruhiges Gefühl. Doch aufgepasst: Trick- und Taschendiebe sind besonders in der Nähe von touristischen Sehenswürdigkeiten und in den Straßenbahnen sehr aktiv.

Stadtrundfahrten

Viele Stadtrundfahrten starten gegenüber dem Gemeindehaus; hier kann man sich am besten einen Überblick über das Angebot verschaffen. Die genannten Unternehmen bieten ihre Dienste auch mittels Flyern in den Hotelrezeptionen an.

- **Martin Tour**
  Touren in 25 Sprachen.
  Tel. 224 212 473,
  www.martintour.cz
- **Prague Sightseeing Tours,**
  Tel. 222 314 655
  www.pstours.cz

Nicht nur per Bus, sondern auch mit einem Bähnchen, einer Kutsche, einem Dampfer oder auf dem Drahtesel kann man Prag kennenlernen:

- **Central European Adventures**
  Ausflüge in die Umgebung von Prag – mit Fahrrad, Kanu und zu Fuß (Apr. bis Sept.). Infos und Verkauf im Altstädter Rathaus.
  Tel. 222 328 879
- **Ekoexpres**
  Kleiner Ökozug; Abfahrt am Altstädter Ring (Apr.–Okt.), Buchung im Altstädter Rathaus.
  Tel. 602 317 784
  www.ekoexpres.cz
- **Pony Travel**
  Rundfahrten in Pferdedroschken.
  Tel. 223 941 112
  www.ponytravelsro.cz
- **Prague Walks**
  Spaziergänge auf den Spuren der Samtenen Revolution, der Prager Gespenster, durch Altprager Wirtshäuser u.a. Treffpunkt meist am Altstädter Rathaus.
  Tel. 608 973 390
  www.praguewalks.com

Trinkgeld

In Hotels und Restaurants sind 10 % des Rechnungsbetrags als Trinkgeld üblich. Fremdenführer und Taxifahrer freuen sich über eine kleine Anerkennung.

Zoll

Gegenstände des persönlichen Bedarfs und Geschenke können innerhalb der EU unbegrenzt zollfrei ausgeführt werden, von Staaten außerhalb der EU nach Tschechien bis zum Gesamtwert von 175 €. Bürger mit Wohnsitz in Staaten außerhalb der EU können überdies die Mehrwertsteuerrückerstattung (»Tax Refund«) bei Waren ab einem Wert von 2000 Kč beantragen, das dazugehörige Formular stellt das jeweilige Geschäft aus.

Durch den Beitritt Tschechiens zur EU und zum Schengenraum wurden die steuerlichen Freimengen pro Person für Tabak und Alkohol deutlich angehoben: 800 Zigaretten oder 200 Zigarren, 10 kg Kaffee sowie 110 l Bier oder 90 l Wein oder 10 l Spirituosen. Für gefälschte Markenprodukte und Feuerwerkskörper gilt in den Nachbarstaaten ein striktes Einfuhrverbot. Beim Kauf von Antiquitäten und seltenen Kunstgegenständen informiert man sich über die Ausfuhrbestimmungen am besten direkt bei den Zollbehörden oder in dem betreffenden Geschäft. Zollamt in Prag: Washingtonova 11, Neustadt, Tel. 261 334 773.

Register

Bildnachweis

Coverfoto: © Pietro Canali/SIME/Schapowalow; Karlsbrücke
Fotos Umschlagrückseite: © Huber Images/Canali, Pietro (links); Fotolia/Steiner; Carmen (Mitte); Mauritius Images/Higuchi, Hiroshi (rechts)

Alamy/imagebroker 27; Alamy/MarioPonta 123; alamy/Profimedia International 143; APA/Read 59, 101, 120; CzechTourism/Habitz 71; Fotolia/Dynamixx 107; Fotolia/Munich_01 72; Fotolia/oloololo 147; Fotolia/SandyS 103; Fotolia/Steiner, Carmen 32; Fotollia/Sazonov, Vladimir U2-0, 68; Freyer, Ralf U2-1 30, 35, 39, 42, 60, 89, 92, 124, 133; Habitz, Gunnar 8 oben, 9 oben, 9 unten, 10, 36, 53, 65, 96, 112, 116, 122, 129, 134, 149; Huber Images/Bernhart, Udo U2-3; Huber Images/Canali, Pietro 6-7, 66; huber Images/Cozzi, Guido 145; Huber Images/R. Schmid 77, 95; Huber Images/Salvio, Parisi U2-2; Jahreszeitenverlag/Blaha, Peter 38; Jahreszeitenverlag/Brettschneider, Jan 82; laif/Body, Philippe 139; laif/Gonzalez, Miquel 114; laif/Hirth, Peter 13, 45, 55; laif/IML 28; laif/Kerber, Christian 16, 75; laif/Modrow 119; laif/Neumann, A. 141; laif/Zanettini 47; LOOK-foto/age fotostock 111; LOOK-foto/Grandadam, Sylvain 24; LOOK-foto/Pompe, Ingolf 104; Mauritius Images/alamy 14; Mauritius Images/Higuchi, Hiroshi 48; Mauritius Images/Macia, Rafael U2-4; Randebrock, Silwen 41; Renckhoff, Dirk 61; shutterstock/ Mmartin 26; shutterstock/monysasu 91; shutterstock/abxyz 57; shutterstock/Anibal Trejo 137; shutterstock/elvistudio 108; shutterstock/Glinsky, Rostislav 20; shutterstock/Jessmine 86; shutterstock/Mazzzur 8 unten; Stiburek, Lubos 84; Wrba, Ernst 88.

Liebe Leserin, lieber Leser,
wir freuen uns, dass Sie sich für diesen POLYGLOTT on tour entschieden haben. Unsere Autorinnen und Autoren sind für Sie unterwegs und recherchieren sehr gründlich, damit Sie mit aktuellen und zuverlässigen Informationen auf Reisen gehen können. Dennoch lassen sich Fehler nie ganz ausschließen. Wir bitten Sie um Verständnis, dass der Verlag dafür keine Haftung übernehmen kann.

Ihre Meinung ist uns wichtig. Bitte schreiben Sie uns:
TRAVEL HOUSE MEDIA GmbH, Redaktion POLYGLOTT, Grillparzerstraße 12,
81675 München, redaktion@polyglott.de
www.polyglott.de

2. unveränderte Auflage 2016

Dieses Buch wurde auf chlorfrei gebleichtem Papier gedruckt.
ISBN 978-3-8464-2771-2

Redaktionsleitung: Grit Müller
Verlagsredaktion: Anne-Katrin Scheiter
Autor: Gunnar Habitz
Redaktion: Martin Waller
Bildredaktion: Silwen Randebrock
Mini-Dolmetscher: Langenscheidt
Layoutkonzept/Titeldesign: fpm factor product münchen
Karten und Pläne: Theiss Heidolph
Satz: Tim Schulz, Mainz
Herstellung: Anna Bäumner, Sophie Vogel
Druck und Bindung: Printer Trento, Italien

Ein Unternehmen der
GANSKE VERLAGSGRUPPE

Mini-Dolmetscher Tschechisch

Allgemeines

Guten Morgen.	Dobré ráno. [**do**bräh **rah**no]
Guten Tag.	Dobrý den. [**do**brih dän]
Hallo!	Ahoj! [a**hoj**]
Wie geht es Ihnen / Dir?	Jak se máš / máte? [jak ßä mahsch / **mah**te]
Danke, gut.	Děkuji, dobře. [**djä**kuji **do**brsehä]
Ich heiße ...	Jmenuji se ... [**jmä**nuji ßä]
Auf Wiedersehen.	Na shledanou. [na **ßchlä**danou]
Morgen	ráno [**rah**no]
Nachmittag	odpoledne [**od**polädnä]
Abend	večer [**wä**tschär]
Nacht	noc [notz]
morgen	zítra [**sih**tra]
heute	dnes [dnäs]
gestern	včera [**ftschä**ra]
Sprechen Sie Deutsch / Englisch?	Mluvíte německy / anglicky? [**mlu**wihtä **njä**mätzki / **an**glitzki]
Wie bitte?	Co prosím? [tzo **pro**ßihm]
Ich verstehe nicht.	Nerozumím. [**nä**rosumihm]
Sagen Sie es bitte nochmals.	Řekněte to ještě jednou, prosím. [**rseh**äknjätä to **jä**schtjä **jäd**nou **pro**ßihm]
..., bitte	..., prosím [**pro**ßihm]
danke	děkuji [**djä**kuji]
Keine Ursache.	Není zač. [**nä**nih satsch]
was / wer / welcher	co / kdo / který [tzo / gdo / **ktä**rih]
wo / wohin	kde / kam [gdä / kam]
wie / wie viel	jak / kolik [jak / **ko**lik]
wann / wie lange	kdy / jak dlouho [gdi / jak **dlou**ho]
Wie heißt das auf tschechisch?	Jak se tomu říká česky? [jak ßä **to**mu **rsehih**ka **tschä**ski]
Wo ist ... ?	Kde je ...? [kdä jä]
Können Sie mir helfen?	Můžete mi pomoci? [**muh**schätä mi **po**motzi]
ja	ano [**a**no]
nein	ne [nä]
Entschuldigen Sie.	Promiňte. [**pro**mintä]
Das macht nichts.	Není zač. [**nä**nih satsch]

Shopping

Wo gibt es ...?	Kde dostanu ...? [gdä **do**ßtanu]
Wie viel kostet das?	Kolik to stojí? [**ko**lik to **ßto**jih]
Das ist zu teuer.	To je moc drahé. [to jä motz **dra**häh]
Das gefällt mir / nicht.	To se mi líbí / nelíbí. [to ßä mi **lih**bih / **nä**lihbih]
Wo ist eine Bank?	Kde je tady banka? [gdä jä **ta**di banka]
Geben Sie mir 100 g Käse / ein Kilo Orangen.	Dejte mi deset deka sýra / jedno kilo pomerančů. [**dej**tä mi **dä**ßät **dä**ka **ßih**ra / **jäd**no **ki**lo **po**märantschuh]
Haben Sie deutsche Zeitungen?	Máte německé noviny? [**mah**tä **njä**mätzkäh **no**wini]
Wo kann ich telefonieren?	Kde mohu telefonovat? [gdä **mo**hu **tä**läfonowat]

Essen und Trinken

Die Speisekarte, bitte.	Jídelní lístek, prosím. [**jih**dälnih **lih**ßtäk **pro**ßihm]
Brot	chléb [chlähb]
Kaffee	káva [**kah**wa]
Tee	čaj [tschaj]
mit Milch / mit Zucker	s mlékem / s cukrem [ß**mläh**käm / ß**tzu**kräm]
Orangensaft	pomerančová šťáva [**po**märantschowah **schtjah**wa]
Suppe	polévka [**po**lähfka]
Fisch	ryba [**ri**ba]
Fleisch / Geflügel	maso / drůbež [**ma**ßo / **druh**bäsch]
Beilagen	přílohy [**prseh**ilohi]
vegetarische Gerichte	vegetariánská strava [**wä**gätariahnskah **ßtrah**wa]
Eier	vejce [**wej**tzä]
Salat	salát [**ßa**laht]
Dessert	dezert [**dä**särt]
Obst	ovoce [**o**wotzä]
Eis	zmrzlina [**smrs**lina]
Wein	víno [**wih**no]
weiß / rot / rosé	bílé / červené / růžové [**bi**läh / **tschär**wänäh / **ruh**schowäh]
Bier	pivo [**pi**wo]
Wasser	voda [**wo**da]
Mineralwasser	minerální voda [**mi**nerahlnih **wo**da]
Wir möchten bezahlen.	Chtěli bychom platit. [**chtjä**li **bi**chom **pla**tit]